物华寻宝

大连文物

王珍仁
苏慧慧/著

大连出版社
DALIAN PUBLISHING HOUSE

图书在版编目（CIP）数据

物华寻宝·大连文物 / 王珍仁，苏慧慧著. — 大连：大连出版社，2020.1
（品读大连）
ISBN 978-7-5505-1500-0

Ⅰ.①物… Ⅱ.①王… ②苏… Ⅲ.①文物—介绍—大连 Ⅳ.① K872.313

中国版本图书馆CIP数据核字(2019)第266216号

WUHUA XUN BAO · DALIAN WENWU
物华寻宝·大连文物

出 版 人：刘明辉
策划编辑：刘明辉 代剑萍 卢 锋
责任编辑：刘丽君
封面设计：汪安琪
版式设计：对岸书影
责任校对：杨 钟
责任印制：孙德彦

出版发行者：大连出版社
地址：大连市高新园区亿阳路6号三丰大厦A座18层
邮编：116023
电话：0411-83620490/83621075
传真：0411-83610391
网址：http://www.dlmpm.com
邮箱：1024460963@qq.com
印 刷 者：深圳市国际彩印有限公司
经 销 者：各地新华书店

幅面尺寸：170mm × 240mm
印　　张：17
字　　数：300千字
出版时间：2020年1月第1版
印刷时间：2020年1月第1次印刷
书　　号：ISBN 978-7-5505-1500-0
定　　价：138.00元

目录

原始村落的余晖(上)

小珠山遗址出土文物

在中国北方的版图上，辽东半岛宛如雄鸡之嘴，深深插入黄海、渤海之间。半岛南端的港口城市大连，三面临海，天生丽质，长期以来一直接受着海洋文明绵绵不绝的哺育和滋润。历史告诉我们，大连的远古文化正是从海洋中走来的。

从地质学研究中得知，地球史上的第四纪，是人类的产生和发展时期。原始群时期大致处在第四纪的更新世早期、更新世中期两个阶段。这一时期相当于古人类学的南方古猿和早期猿人、晚期猿人、直立人阶段，也就是考古学上的旧石器时代初期。绝对年代距今约300万年至10万年。经过中国考古学者的努力已经知晓，在这漫长的历史阶段中，我国北起辽宁，南至云南，均有人类活动的遗迹——古人类遗骸和旧石器的发现。此前，因考古资料的限制，史学界一直认为，第一个拉开辽宁地区远古时代历史帷幕的，是

小珠山遗址出土压印纹筒形罐

小珠山遗址

在约40万年前自华北地区翻越燕山，辗转北上，继而东进，最后进入辽东地区的古人类群体——庙后山人和金牛山人。

2014年11月，大连的主流平面媒体刊载了具有轰动性的报道：在今金普新区的复州湾街道东南3千米的骆驼山金远洞发现重要的古人类活动遗址。据专家推测，大连骆驼山古人类活动遗址是首次在东北地区发现的与北京周口店猿人遗址时代相当、动物群性质一致的遗址，很可能是迄今为止东北地区最为古老的文化遗存之一。大连骆驼山古人类活动遗址的年代距今约50万年至30万年。截至消息报道之时，对该遗址的发掘面积仅有100多平方米，已发现的化石超过30种，获得万余件动物化石标本，其中头骨、关节骨、牙齿等有研究价值和展览价值的化石标本2000余件。在清理过程中，专业人员还发现了数十件有疑似人工砍砸痕迹的残破动物管状骨骼等骨制品和若干件石制品。在一节比较粗大的骨头上，也残留着疑似人工砍砸的痕迹。报道中遗憾地提到，眼下尚没有出现人类的骨骼或牙齿的化石。但专家们依然是信心满满，他们表示对骆驼山化石的发掘还仅处于初步的阶段，相信随着发掘和研究工作的逐渐开展和深入，古人类化石的发现是完全可以期待的。

在此前的1981年，还是在大连的复县（今瓦房店市）郊北古龙山，同样发现了一处石灰岩洞穴。经过专业人员的科学发掘，获得各类脊椎动物化石数万件，经过人工敲击的兽骨片数百件，有清楚人工打制痕迹的石制品2

件。经过科学的测定，这里的遗址距今约有1.7万年。说明古人类在约1.7万年前就在这里生活过。

不论是庙后山人、金牛山人，还是后来的古龙山人，他们均已能够非常自然地使用火，并能够有意识地保留火种。人类对火的控制，是人类制作第一件劳动工具之后，所发生的第一件具有里程碑意义的大事，在人类的发展史和文化史上，都具有极其重大的意义。

在大连东面的黄海北部海域，有一片似珍珠散落的岛屿，这就是长山列岛。人们曾在这里发现了数量甚多的贝丘遗址，这是原始人类把吃剩的贝壳抛弃后堆积形成的。真正敲开这里的历史文化大门是在20世纪70年代末，考古工作者发现了有着特殊意义的小珠山遗址。小珠山文化的时间跨度，经过科学的测定，在7000多年至4000多年前。据亲历这次考古发掘的许明刚先生介绍，生活在这一时期的原始人类，已经彻底摆脱旧石器时代那种居无定所、四处游荡的状况，开始了定居生活。他们学会了营造简单的居室。这里的居室呈半地穴状，方形圆角。屋内的面积一般在六七平方米。建筑结构比

小珠山遗址出土压印纹筒形罐

较简单，屋中有灶，四壁无柱。估计是因面积较小，无须立柱，而将房盖直接架于四壁之上。这些居室多建在靠近海边的高地山坡上，原因是这里比较干爽宜人，又便于捕捞获取食物。当这种居室建筑连片出现时，就形成了村庄。

在小珠山村落中，考古工作者发现了原始人类发明的石质生产工具，如石磨盘、石磨棒、石斧等，还有用于纺线的陶纺轮。至于生活中的陶器，更是形式多样，上面的纹饰图案丰富多彩，其中最能说明问题的是带有“之”字纹饰的器物。从历史发展的角度看，在大连地区与中原地区文化的联系中，以同黄河中下游的河南仰韶文化、山东龙山文化和大汶口文化的联系最为密切，而这种联系的主要通道就是黄海、渤海，黄海之中的小珠山文化就成为大连地区接触中原文化的先端。这种交流和影响，则首先表现在对“之”字纹饰的理解和运用上。我们发现，“之”字纹饰在不同陶器的造型上，呈现出一种连续折弧线编织状。因此，也有人将其称为“弧线纹”，还有人称其为“篦纹”。有意思的是，这种“之”字纹饰并不仅仅存在于小珠

小珠山遗址出土陶纺轮

小珠山遗址出土陶器纹饰拓本

山文化的早期阶段，在广袤的东北地区，甚至在华北平原和岭南地区都有发现。这一事实说明了华夏远古多元文化中的某种特殊的一致性。

仔细端详这些出土的陶器，我们不禁感叹小珠山人对线条得心应手的运用和淋漓尽致的发挥。一根根简单的线条，落在精致的陶器上，就能产生出动人的美感。那些呈连续状的几何纹饰，结构清晰，主次分明。除了这种“线”的混合交融外，小珠山人还开拓了对“点”的应用，以放射状压印纹为主要形制的纺轮就是最好的例证。我们不妨想象一下，当纺轮迅速旋转的时候，这些最简单的点线纹饰会给人们描绘出怎样的画面。众多的点与点之间不同形式的排列组合，给人以不同的视觉效果和感染力。这就形成了一种难以言表的韵律，产生出一种高低、强弱、松紧的抑扬顿挫、错落有致的旋律。

在小珠山遗址，考古工作者还发现了一件非常罕见的玉斧。此斧的玉料成色为青绿颜色，局部有褐色的浸斑，器形整体为长条形，弧背弧刃。玉斧的刃部由两面斜磨而成，有明显的使用痕迹。玉斧的发现震动了考古界，并引发了激烈争论，专家们最终得出结论，它是我国迄今为止发现的最早的玉器。既然是这样，那么，人们为之争论的焦点是什么呢？原来，以大部分现代人的眼光看，玉当以透闪石为主要成分，玉的硬度也当在摩氏6度以上。然而在古时，人们对玉的认识远不像现在这样，凡硬度超过摩氏4度的“石之美者”都有可能被古人视之为玉。测试发现，这件玉斧是以岫岩玉制成的，质地温润，且有一定的光泽，硬度在摩氏4.5度以上，虽不及新疆和田玉那么坚硬，但被古人信奉为玉那已是绰绰有余了。从现代考古学角度看，在矿物学上被称为蛇纹石玉的岫岩玉一直是古人制作玉器的重要材料之一。人们在研究中发现，这件玉斧是用细小的砂石，即类似后人称作解玉砂的东西琢磨而成的，而不像旧石器时代的石器那样是打制而成的，正应验了那句“玉不琢，不成器”的老话。因此，它应该被称为玉器，而绝不是普通的石器。

从这件玉斧的造型中，专家们还得出一条重要的结论，即一般在新石器时代中晚期出现的用玉制作的工具和武器，多无使用的痕迹，且器薄体轻，体积亦多偏大，这种器物实际上多是部族首领的礼器，仅具有某种象征性的意义。而这件玉斧不仅略显厚重，而且还有使用过的痕迹，因此只能证明，最古老的玉器也要经历实用这一重要的阶段。

这件玉斧除了是我国迄今为止发现的最早的玉器外，也是人类开发岫岩玉最早的例证。正因为如此，它被收录于《中国美术全集·玉器》中，显示了古时的大连人对中华文化所做出的重要贡献。

小珠山遗址出土玉斧

当然，最受考古工作者关注的是，在小珠山人居住的房间里发现了完整的狗骨架和猪骨架，还有已经非常艺术化的陶塑小猪。

从陶塑小猪的造型中，可以知道小珠山原始人类对表现对象细致入微的观察和大胆的艺术创造。他们从猪的体态特征入手，把一个短颈、体圆的小肥猪形象栩栩如生地塑造了出来。小猪吻部前突，颈上有鬃，虽整体仍有朴拙之气，但在局部细节上已经显现出精细之处，其艺术手法可算得上简洁、明快，给人以生动、质朴的感觉。

陶猪是原始人类在观察猪的形象后，运用艺术的思维而创作的。这种创作过程无疑是在仔细观察了猪的性格、形体、动作三大特征后，大胆取舍、大胆强调、大胆夸张的结果。这种夸张和变形作为强有力的艺术表现手法，是为了更加突出作品对象的特征和艺术创作者自身的情感。在今天，人们常说一个高明的艺术家总是用朴素的艺术手段来诱发鉴赏者共同完成创作任务，使被其简化、省略的地方能够留给鉴赏者以无限的遐想。小珠山原始人类所塑造的陶猪充分体现了这一点。

黄海深处出现的陶猪，也许能够从另一个方面告诉人们，当年那里的原

小珠山遗址出土陶猪

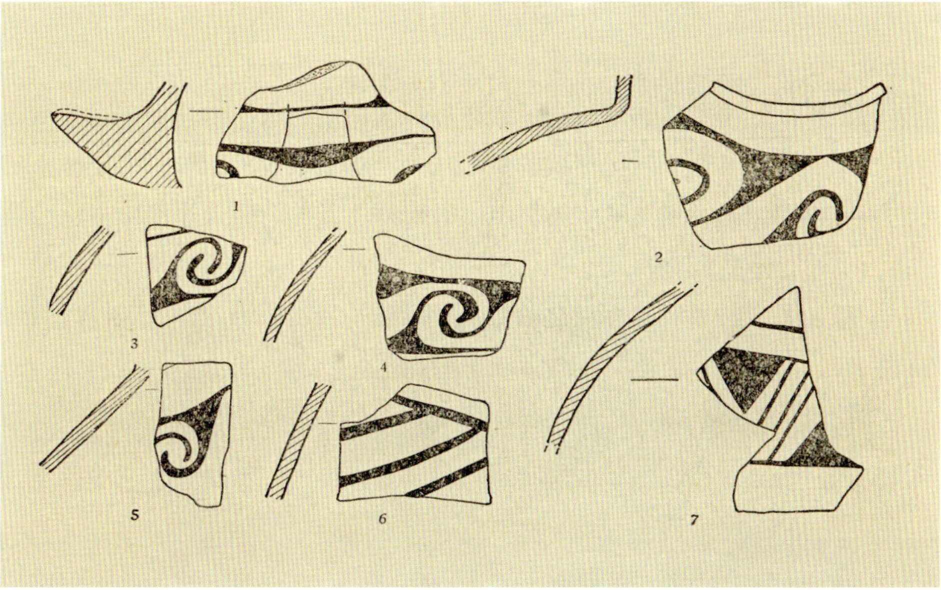

小珠山遗址出土彩陶片图示

始饲养业已非常发达。从陶猪的形体来考察，这时家养的猪已完全脱离了野猪的阶段。在中国的甲骨文中，“家”便是屋内有猪的形象表达。人们在讨论大连地区出土的汉代陶猪的种源时，判断其为华北小型猪种。小珠山遗址中所发现的陶猪的原型，恐怕正是这种华北小型猪的前身。小珠山遗址中发现的陶猪，完全是作为一种陈设艺术品而存在的。从这种艺术现象来看，它反映出了原始人类对家畜饲养的高度重视和当时家畜饲养的兴旺发达及在人类生活中所具有的特殊地位。

其实，在原始社会里，各种艺术，包括音乐、舞蹈、绘画、雕塑，一切的一切，都来自人们的劳动实践。人们在狩猎的过程中，开始对各种兽禽有所了解，然后又根据这些兽禽的特点，塑造出生动的形象，使之成为有价值的艺术品。人们在狩猎的过程中，有时也会捕获一些幼兽幼禽，在食物较多的情况下留了下来，以待食物缺乏时食用，并逐步对这些兽禽进行驯养，使它们变成家畜家禽。家畜饲养业的兴起，与农业生产和交换的发展有着极其密切的联系。因为粮食产量的增加，农副产品也会相应增多，饲养家畜的饲料也就日渐丰富，为发展饲养业准备了物质条件。从对中国原始文化的探觅中，人们发现，在六畜当中，猪的遗骸数量最多，所涉及的地域范围也最为广阔。这些事实告诉我们，在小珠山文化所处的历史阶段，猪的饲养不仅极其普遍，而且还具有相当的规模，猪已经是家畜饲养业的主体。

数千年前的小珠山村落经历了无数的风风雨雨，留下的这片宝贵的文化遗迹，让我们依稀可见当年热闹的生活场景。历史余晖的延续，恰似画家笔下的一抹夕阳飘逸在浩渺的大海之上。是那片湛蓝的海，让小珠山文化一直存续了下来。当我们驻足于小珠山遗址时，一种久远而亲切的情感，一种类似回归故乡的感觉，开始在自己的血液里涌动。当晨曦出现在极远极远的海平线上时，蓦然回首，分明是故乡在招手。

大连，我们的故乡，您最早的起步，真的就是从我们面前的这片海开始的……

恬静的大海

原始村落的余晖（下）

郭家村遗址出土文物

在大连，说到“一山担两海”时，人们马上就会想到它特殊的地理位置。这里三面环海，陆地为楔子状半岛，直入海洋中。西有渤海，与华北相望；东有黄海，远眺朝鲜半岛；山东半岛于南面隔海呼应。辽东、山东两个半岛呈犄角之势，共扼京津，有“京津门户”之称。

其实，这里的“一山”，说的是旅顺口区的老铁山。老铁山主峰海拔465.6米，这里重峦叠嶂，起伏落差几乎与海拔高度相等，有一种“半压沧溟半拂云”之势，为辽南地区一大绝色。登上老铁山放眼望海，在阳光的衬映下，庙岛群岛乃至山东蓬莱仙山于雾气中忽隐忽现，景象壮观。明代诗人温景葵所作《金州观海》中有“极目南天纷瑞霭，乡人指点是蓬莱”的诗句，就是站在老铁山山顶远望他乡所发出的感慨。而“两海”，则是指黄海和渤海。黄、渤两海在老铁山的岬角交融汇合，形成黄海与渤海的自然分界线。这里海沟的特殊构造，又使黄、渤两海海色在“泾渭分明”之中彼此交融，和合共生。这种特殊的海洋现象也让这里诞生了一种特殊的文化。

20世纪初叶，在黄海、渤海交界的岸边，老铁山的脚下，人们发现了一处新石器时代人类生活遗址，这就是郭家村遗址。

旅顺老铁山

郭家村遗址

郭家村遗址位于旅顺口区铁山街道郭家村的北岭上，它的东南面是老铁山，西北距海约有1000米，遗址东、西长约300米，南、北宽约200米；现存面积约为1.1万平方米，整个遗址的文化层厚2米～3米。1973年、1976年秋至1977年春，历史考古专业人员先后两次对该遗址进行了科学的考古发掘，揭露的面积约600平方米。发现了人类居住的房屋遗址和灰坑等遗迹，出土的文物约2000件。考古研究人员依据遗址地层堆积和对出土文物的比较分析，认定郭家村遗址可分为上、下两层，分别代表一个时期。根据对出土文物的科学测定，遗址的年代距今约6000年至4000年。考古学家佟柱臣先生指出："大连市郭家村遗址下层，相当于我拟定的辽东半岛新石器分期的新石器时代晚期的中段。"

历史学家认为，农业生产的出现意味着新石器时代的开始。现代考古学家则认为，原始农业的产生是新石器时代的革命。新石器时代出现了石器磨制技术，以及与磨制技术相随产生的其他工艺。如当人们在需要翻挖砍伐树木时，石斧的作用显得特别突出，于是出现了磨制石斧；当人们的定居生活需要建筑房屋时，就出现了磨制的石锛和石凿；当农作物收割量日益增加

郭家村遗址出土陶器残片拓本

时，就出现了磨制的石刀和石镰（因为海洋的惠赐，在郭家村遗址中，人们还发现了蚌刀、蚌镰）；当收获的谷物需要去壳加工时，用于脱壳的石磨盘、石磨棒便应运而生。有人曾这样断言：以磨制为加工特点的各类石器是原始农业产生的重要标志。

在郭家村遗址下层中，人们见到的房屋遗址呈圆角方形半地穴式，直径大约4米，屋内有柱洞，表明当时是有支撑物用以托起屋面的。屋内的居住面经过多次铺垫黄土踩实，形成多层坚硬的垫土层。应当说，在人类发明建筑技术之前，主要是选择干燥、向阳和背风的天然洞穴或者是树洞作为栖息之所，像在辽南地区发现的旧石器时期的古人类的都属于这种情况。有巢氏“构木为巢，以避群害，而民悦之”是我国关于建筑起源的古老传说。它和《周易·系辞》中说的“穴居”是最早的两种建筑形式。北方地区因为气候干燥，冬季寒冷，穴居就成为最早的建筑形式。规律上是由穴居发展到半穴居，再发展为地面建筑。当发展到半穴居时，就已经形成了土木合筑的混合结构，出现了柱、长椽（斜梁）、横梁及大叉手屋架等木结构的构件。墙体初期为木（草）骨泥墙，到了晚期，又出现了承重的垛泥墙。木（草）骨泥墙的出现，是地下建筑发展到地上建筑的关键。直立的墙体，倾斜的屋盖，为后世建筑的基本形式奠定了基础，在建筑史上具有重大的意义。像郭家村遗址下层房屋的地面采用多次铺垫黄土踩实，形成多层坚硬的垫土层的这种办法，主要是为了预防风湿疾病，已达到保护健康的目的。

在郭家村遗址下层中发现的陶器多系抟土手制的，以夹砂黑褐陶为主。其次是夹砂红褐陶和红陶，并有一定数量的泥质红陶、泥质灰黑陶和滑石陶。夹细砂中含有云母粉末。陶器颜色多不纯。器物的类型以直口筒形罐为最多，碗、钵、深腹盂、喇叭形矮圈足豆、实足鬶、盉、盆形鼎和罐形鼎、圆纽柄器盖等占其次。陶器以素面为主，约占陶片总数的60%。纹饰以划纹、划纹与其他纹饰的组合纹为主，其次为附加堆纹（其中有凸弦、凸绳、乳钉、竖鼻、曲条纹等）、凹弦纹、压印纹和彩陶。生产工具主要有磨制的石器，另外还有骨器、陶器及一定数量的打制石器和牙器。器物的种类又可分为打制的砍砸器、盘状器、刮削器、石球，磨制的扁圆形弧刃石斧、方形石斧、石刀、磨棒、磨盘、扁平平尾柳叶石镞、长条石锛、沟磨石、骨镞、骨矛、骨凿、有棱骨针、骨锥、陶刀、压印和刻划纹扁平圆形陶纺轮、

郭家村遗址出土盆形鼎

郭家村遗址出土骨针

郭家村遗址出土罐形鼎

角锥、蚌刀、蚌镰、牙镞，以及各种石、玉、贝、陶制的装饰品笄、珠、坠、环等。在郭家村遗址下层中发现的石器以磨制石器为最多，说明这种磨制工艺是郭家村遗址下层文化的代表工艺。在这些石器制品中，又以石镞为最多，有226件；骨角器中，以骨针为最多；陶制生产工具中，又以陶纺轮为最多。

石刀是中国新石器时代一种主要的生产工具，它在这一阶段的社会经济、人类生活当中起到了重要的作用。郭家村遗址下层出土的石刀可分半月形与梭形两式，不仅有双孔的，而且还有三孔的，较中原地区仰韶文化中的单孔石刀，显然有了较大的改进。出土的陶刀虽然形制不佳，但是以陶片制刀，还是较早的一种表现形式。石刀的用途极广，既可以做刮割之用，还可以做收割之用，也可以用于加

郭家村遗址出土骨簪

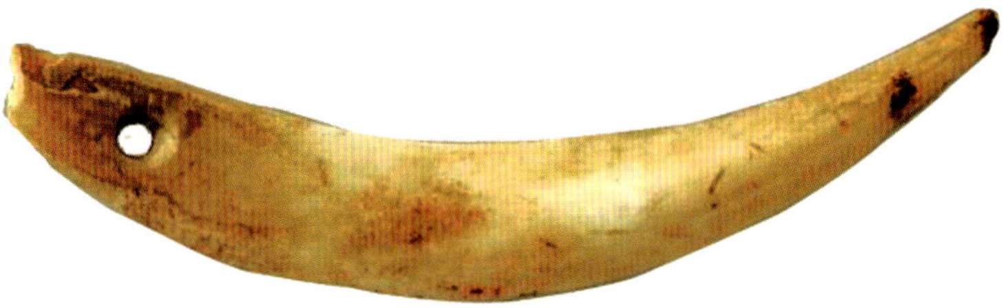

郭家村遗址出土牙刀

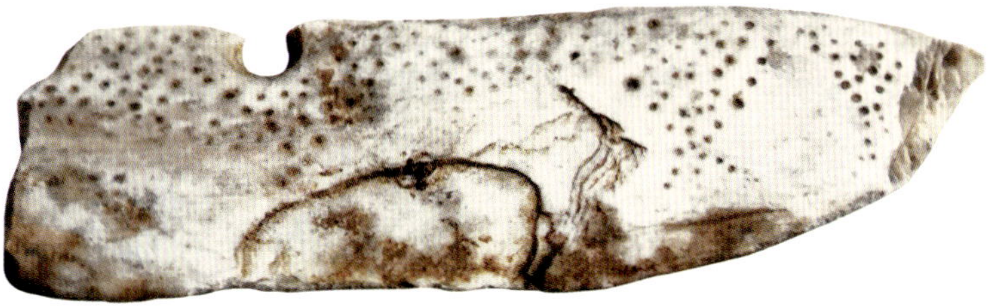

郭家村遗址出土双孔蚌刀

工及其他的方面，但更多是用于农作物的收割。原始的农业收割方法是用手摘谷穗，通常是用右手的拇指、食指一起用力将谷穗采摘下来，但是直接用手指采摘谷穗很容易伤到手指，因此人们就发明了石刀、陶刀和蚌刀等。使用时将石刀用绳套在手指上，刃部朝下，以拇指和石刀把谷穗杆切断。除了石刀、陶刀和蚌刀以外，在郭家村遗址下层中还发现了弧形蚌镰。蚌镰的出现，在收割工具中是个较大的改进，使得工具的工作效率有了明显的提高。郭家村遗址下层发现的蚌镰柄上有二孔，在装柄上是一种进步。因而该种工具也成为郭家村遗址下层文化编年的标志。

在郭家村遗址下层中发现数量仅次于石镞的是石磨棒，有23件，石磨盘有15件。这些直接涉及人类饮食的工具的出现，从另一个侧面反映出当时农业生产的进步。原始农耕是母系氏族社会中妇女的伟大发明，是标志着新石器时代已经开始的一种新的生产方式。在中原地区，7000多年前处于新石器时代中期的磁山、裴李岗文化等，人类已经能够从事原始农耕活动，与此同时，在辽宁的沈阳新乐遗址下层中也出现了原始的农业经济。实际上，原始农耕的产生应比上述年代还要早，只是考古调查工作还没有发现而已。已经发现的考古资料证明，东北地区的原始农耕，南部出现的时间最早，发展也

郭家村遗址出土炭化粟

最快。也就是说，东北地区原始农耕的出现与发展，南部比北部先进，时代的早晚与技术水平呈现出自南向北、自西而东的延续趋势。很明显，这一情况同接受中原先进文化影响的多少与早晚有很大的关系，同时地理与自然条件等客观环境因素也有一定的影响。

在郭家村遗址下层中发现的石刀、陶刀、蚌刀及蚌镰和数量可观的石磨棒、石磨盘，说明此时这里的农业已经达到了较高的水平。石磨棒和石磨盘是最古老的谷物加工工具。它们的使用方法，就是先将带壳的谷物置于石磨盘上，然后用那条状的石磨棒在谷物上连续不断地来回揉碾，以脱去谷物的壳，进而还可以将谷粒研磨成面粉。农业在人类的生存中具有无可替代的重要的经济地位，它源源不断地向人类提供比较稳定的产品，从而保障人类的生存，并不断地提升人类的物质生活水平。应当特别指出的是，考古工作者在郭家村遗址上层房屋遗址中，还发现一篓已经炭化了的谷子，证明当时在这里已经能够大量地种植谷子。其实我国是世界上最早栽培农作物的主要中心之一。中华民族的祖先远在七八千年前就已经能够因地制宜，在黄河流域种植了粟（即谷子），去壳后它又被称作小米。粟是一种由野生的狗尾草逐步培育成的粮食作物，首先起源于我国黄河流域的高纬度、高海拔地区，一经出现便成为黄河中上游地区重要的粮食，随后又逐渐向黄河下游地区推广种植。郭家村遗址上层所发现的谷子，应当是受到山东大汶口文化以及龙山文化的影响而传入的，并得到大面积的推广种植。在郭家村遗址中发现罐藏的谷子，说明当时人类已经注意到贮存粮食，以备食用和留做种子。粮食的剩余和贮存，也与此时生产能力的提高及居住房屋条件的提升有着直接的关联。经过中国社会科学院考古研究所研究室的科学测定，郭家村遗址上层文化年代最早的距今约有4600年，最晚的距今约有4000年。

石镞的出现，表明狩猎活动是郭家村原始人类最重要的经济活动之一。狩猎是随着工具和技术的改进而发展的。弓箭的出现，使狩猎活动有了重大的发展。郭家村遗址下层中出土了大量的石镞，且形制很统一，均为磨制，不见压剥工艺，器形无论短叶形、长叶形，均为叶形。只有平底、圆底之分，很少见凹底。数量之多，反映出当时狩猎活动的频繁与规模。

骨针和陶纺轮的大量出现，表明郭家村遗址下层文化人类纺（编）织加工技术的进步。纺（编）织是人类继穿兽皮之后的重要发明之一。此时，由于纺（编）织和缝纫技术的发明，人们不再是仅仅用兽皮简单地蔽护身体，而是凭借各种不同形式、质地的纺轮，把含有纤维性质的物品捻成线。最初的纺（编）织原料是采集的野生植物纤维，如竹篾、树皮条、野麻等。随着渔猎的出现，人类开始以兽皮条、兽尾毛、鱼皮条为纺织原料。在农业出现以后，人类又开始培植麻、葛，以及养蚕抽丝，同时还利用畜毛纺线。而纺（编）织业的发展，首先是要学会纺线，后来才出现织布，并借助针、锥把布或是兽皮缝制成比较合体、适用的服装。从民族学的角度看，最早的针应是使用硬木、竹子制成的，用骨料做针难度还是比较大的，因此，骨针的出现应该是要稍晚一些的。在缝纫中所需的线，因其原料的不同，加工的方法也不一样。

在郭家村遗址下层中发现的纺（编）织和缝纫工具多达6类360件，计有：陶纺轮142件，骨梭1件，骨针129件，骨锥71件，陶锥2件，角锥15件。这些纺（编）织工具的制作显现出古人类的超群技艺。仅陶纺轮一项就以丰富的形制撼动人们的心。陶纺轮大的直径约有6厘米，小的直径约有2厘米，且重量不一样。陶纺轮上面的纹饰就更为复杂，如三角纹、放射纹、花瓣纹、叶脉纹、涡纹等。陶纺轮重量的不同，是为了捻制粗细不同的线而特地制作的。出土的骨梭上有长方孔，表明它既可以编织渔网，也可以编织布类。129根骨针中有36根有对钻的细孔，针的长度在5厘米～8厘米。郭家村遗址下层纺（编）织、缝纫工具出土的数量之大，种类之多，在同时期的东北各遗址中是绝无仅有的。这种情况出现在一个遗址之中，也许表明纺（编）织、缝纫在这里不再是家庭业余的活动，而是已从农业、渔业等中分离出来，有一批人专门为氏族成员从事衣物的制作。因而它不仅是编年的标志，也是纺（编）织手工业极大发展的证明。

在郭家村遗址下层中出土的石斧，呈现出梯形、束腰、长方形、有孔，这是器形分化的结果，因而其用途也各有不同。特别是有孔石斧、束腰石斧，是这一时期较进步的形制。石斧在新石器时代是人类主要的砍伐式工具。一般都取材于砾石，比较厚重，两面磨刃。除少数是直接手持操作外，多数装有木柄。我们知道，“石斧最初是没有斧柄的。史前考古学很确凿地证明，斧柄对原始人来说是一个相当复杂而又困难的发明”。斧柄的出现对原始人提高砍伐效率有着重要的意义。

在同期文化层中还发现有石锛的记录。大的或小的梯形石锛，都是劈砍和切削工具有了进一步发展的证明。特别是这里出现了有段石锛，形体宽而规整，是郭家村遗址下层文化的标志物种。

除此外，考古工作者还在郭家村遗址下层中发现有大量的猪骸骨，经过鉴别，为200多个个体，其次是斑鹿骨，占到鹿科标本的55.3%，从中发现动物的种类有黑鼠、斑鹿、马鹿、狍、麝以及貉、獾、野猫、狼、獐、狗等。这些兽骨的发现，说明正如农业的产生一样，随着人类生活水平的提高，人口的不断增长，对动物所能够提供的肉、乳、皮、毛等物质的需求也愈来愈多。而此时，狩猎技术的发展和农业的不断进步及人类的定居生活，开始为动物的驯养提供了必要的条件。郭家村遗址下层中发现大量的猪骸骨，表明猪的驯养已经非常普遍。据有关专家研究，我国不仅很早就饲养了家猪，而且现存家猪中的华南猪和华北猪两大类型，由于驯养起源的不同，在原始社会的晚期就已存在了。从已发现的猪骸骨中，人们已经认定：当年存活于旅顺郭家村遗址中的猪，就是从野猪当中驯化而来的，并逐步演进到被家庭饲养。它们就是今天华北猪种的前身。这种驯养，也表明当时的农业已经能够为家畜饲养业提供大量的饲料，促进了家畜饲养的发展。

农业和畜牧业的出现，虽然大大地改变了人类的生活状况，但是这两种新兴的经济部门还处于原始的阶段，古老的采集和渔猎在当时整个社会的经济生活中仍占有一定的重要地位，有关的技术也有了很大的改进。在郭家村遗址下层中，考古工作者发现的海产软体动物遗迹有白笠贝、盘大鲍、锈凹螺、扁玉螺、红螺、疣荔枝螺、魁蚶、贻贝、僧帽牡蛎、大连湾牡蛎、蛤仔、青蛤以及各种鱼类，总计达30余种。加之发现的石、骨、牙、蚌等各种质地的

郭家村遗址出土石网坠

郭家村遗址出土有孔石网坠

镞，说明此时狩猎的弓箭的应用已是非常普遍。此外还使用厚重的石制圆形器、盘形器、石球等投掷工具。在捕鱼时，人们往往是钩、叉、网并用。这里发现的网坠种类较多，最大的如同石锁，还有扁平束腰、舟形带槽等大型石网坠。这些显然是为了适应海上作业、捕捞较大的鱼类而制作的工具。生态环境是人们生存所依赖的根基。在新石器时代，人类的经济活动完全是处在一种自然经济的状态中，“靠山吃山，靠海吃海”就是当时人类经济生活的根本出路。从考古资料中可以认定，人类的渔业生产活动要早于农业生产，人类从诞生的那天起，就已经与江河湖海结下了紧密的依赖关系，能够开始向活动于深水中的动植物索取生活的必需品。一般的情况下，早期的捕鱼方法是涉水徒手捕鱼和竭泽而渔。进入新石器时代以后，出现了各式各样的捕捞渔具。郭家村遗址出土的众多的渔业生产工具，就为全面研究和展示当时的渔猎生产规模提供了宝贵的实物资料。

在新石器时代，陶器的出现和农业的进步有着不可分割的关系。在人类的历史上，陶器的出现一般要比农业晚很长的一段时间。但有研究表明，东北地区的原始制陶业的历史还是很悠久的，基本上是伴随着原始农耕的产生而出现的。陶器的发明与制陶业的发展，对改进人类的生产状况和提高人类的生活水平起到了十分重要的作用。农业生产开始为人类提供比较稳定的大量的食物，这不仅促使了人类定居生活的出现，还使粮食成为农业部落的基本主食。但是，粮食都是颗粒状的淀粉物质，与兽类的肉以及鱼、蚌、蛤类相比，是不耐火的，是很难在火上直接进行烧烤的；即便是使用原先人类生活中的石烹法，也不利于粮食的煮食。因此，必须要有特殊形式的炊具

郭家村遗址出土黑陶杯

达到煮食食物的目的。这种对一种新的、耐烧的炊具的需求和向往，就是陶器产生的主要原因。《太平御览》引《周书》称“神农耕而作陶”，《吕氏春秋》中的“昆吾作陶”均是上述历史背景的写照。说明农业产生在先，制陶业产生在后，两者是有着非常密切的关系的。而最早的陶器是把泥巴涂抹在藤（柳、竹）条编结的筐篮上，放到火里烧成的。后来则是利用黏土，采用泥条盘筑和泥条分段衔接的方法制成。随着时间的推移，人类在实践的过程中又发明了轮筑法制陶。而郭家村遗址下层中出土的陶器多数是泥条盘筑法和慢轮法制成的。这里的陶器胎内多数掺入细砂，其目的是使陶胎内形成气孔，在炊煮或盛放热食时，所接触的空气能够从细孔中逸出，不致发生破裂，同时有耐火、传热快和急变性等特点，使陶制炊具经久耐用。历史的进程告诉人们，陶器在以各种各样方便、适用而又美观的容器和炊具形式出现在人类面前的同时，不仅仅改进了人类处理食物的方法，而且还为农业、纺织业、捕捞渔业以及文化艺术的发展提供了一种崭新的物质材料和技术手段，成为人类生产和生活中的必需品，也成为氏族部落经济的重要的组成部分。在郭家村遗址上层中，考古工作者发现当时人类的生活陶器多为夹砂黑褐陶，红褐陶次之，并有一定数量的泥质黑陶和少量的蛋壳黑陶，但陶色不纯，含有石英细砂粒。陶器的制作方法既有手制，也有慢轮修饰和轮制。器物表面纹饰图案较下层也明显地增多和生动，其中以刻划的竖条纹、网格纹、人字纹、水波纹为最多，还有不少的附加堆纹，并且出现了弦纹、乳点。器物的类型大多是卷沿、折沿和在口沿处饰附加堆纹的鼓腹罐，以及袋足鬶、盘形扁足鼎、三环足器、圈足盘、粗把镂孔豆、浅折盘细把豆、钵、碗、折腹盂、环梁和带有锯齿花边的器盖、勺、甑、蛋壳黑陶高足杯和三足杯，以及其他各种豆、杯、罐、盘等小型陶器。这些变化说明，在郭家村遗址，陶器中造型趋于简单的罐类已退居到了次要位置，陶钵、陶豆、陶盘和三足陶器明显增多。

这种陶器种类增多和造型丰富的现象，说明此时大连沿海地区原始社会多元经济的发展，为满足原始人类社会生活的需要开辟了广阔的前景。特别是三足陶器的出现，突破了人们习以为常的简单对称的形式，在直观上使人感到均匀而不拥挤，灵活又趋于稳定。这种工艺的创新，可算得上是造型领域中的突破和进步。郭家村遗址出土的红陶鬶就是一件非常典型的珍贵文物。其整个器身呈壶形，小短颈，口边上有人工捏出的流口，平底、锥足，器身附有宽带鋬，鋬边饰有竖凸的弦纹，陶壶腹部饰有绳纹。类似的造型在山东大汶口文化中可觅到。郭家村遗址出土的文物说明，当年这里的人类文化受到山东大汶口文化的强烈影响，而这里所发现的袋足鬶、磨光蛋壳黑陶、扁凿足鼎、三环足器等，又明显带有山东龙山文化的特征。

由此可知，辽东半岛与山东半岛之间虽隔有渤海海峡，但万顷碧波却把两地的文化一线连起，这是一种多么巨大的力量啊。或许早在5000多年前，就有了第一次“闯关东”吧。在郭家村遗址，考古工作者还发现了一种舟形陶器，表面虽然未经研磨有些粗糙，但造型却十分新颖，给人一种大海扁舟的真实感觉。

郭家村遗址出土舟形陶器

这件舟形陶器呈灰褐色，舟首前突，尾部平齐，首尾两端微向上翘，两舷上下外凸成弧形，底部经过加工成平底，两侧等高，中间空疏较大，形成通舱。舟形陶器显然不是一件生活中的实用器皿，只是一件写真模拟器。但它却通过娴熟的技法告诉欣赏者，此时的舟形器具已摆脱用独木刳制，进入多木叠垒时期。舟形陶器底加工平整，意在加强在水中的浮力和稳定性；两舷上下外凸成弧形，可以在航行中减少阻力；舟首上翘向前突出，为的是利于劈波斩浪；两舷等高，可以保持平稳；中间较大的空疏形成的通舱，可以做到满负荷装载货物。舟形陶器的下底长、宽比例是14.4：4，上部长、宽比例是17.8：8，上部大于底部。有考证认为，如此的比例与现代船舶的构造非常接近。这种情况说明，郭家村遗址中的原始人类当时所使用的舟楫、船舶在工艺上、材料上已经与前期有了很大的不同，其结构也更加科学。这件舟形陶器带给欣赏者在视觉差异上的变化，也正体现出人类在审美意识变化上所具有的丰富性和多样性。这件舟形陶器，既是当时社会生活的真实反映，也表达了人们对海洋的眷恋。

舟船是人类在“见窾木浮而知为舟”的认识基础上制作的。有了舟船，方便了人们的海上作业，也使得人们跨海越洋的梦想得以实现。在这里，

郭家村遗址出土小型玉璧

更因为有了舟船，才形成了辽东半岛与山东半岛间的人文交流。而随着社会生产力的提高，人类的迁徙活动范围逐渐扩大，频率不断加快。

人们不仅仅沿着江河进行迁徙，沿着海岸线甚至跨海进行跳跃式迁徙活动也屡见不鲜。可以说，早期的大汶口人及稍晚的龙山人就是长期生活在沿海地区的乘舟弄潮的先民。随着他们早期的海上活动，大汶口文化、龙山文化的器物和生活习俗，从山东半岛经过黄海和渤海传播到了辽东半岛。在渤海及黄海北部的沿岸和岛屿上，由此留下了这些先民逐岛漂航前进的足迹。

郭家村遗址出土绿松石坠

历史学家的研究告诉我们，海洋具有连接陆地、资源丰富的经济社会属性，因而它与陆地一样是人类社会实践的客体。一旦海洋的“兴渔盐之利”“行舟楫之便”的特征被人们广泛地认知，海洋的开发便会成为沿海地区人类社会经济活动的一部分；同样，海洋的开发，人类文化的相互交流，也使沿海间的氏族文化融合有了客观的物质基础。旅顺口区郭家村遗址所具有的特殊地位就恰恰起到了这种开发与融合的纽带作用。

文化的传播，说到底既是一种历史现象，也是一种文化习俗的观念现象。它既需要大量长期的、连续不断的人类活动的推动，又有其内在的必然原因和因果关系。氏族公社制度的高度发展，保证了人类生产活动的持续进行和劳动经验的快速积累，同时也为生产技术水平的提高以及文化艺术的萌芽创造了有利的条件。在这一阶段中，文化艺术尚未从各种工具及生活器皿的制造工艺和附属的装饰中完全分化出来。原始人类的生活与劳动的实践上已经包含了对许多的科学道理的初步认识与应用。体现在生产工具和生活器皿中的各种各样纹饰符号以及造型，均孕育着作为文明社会重要标志的胚胎与萌芽。尽管这在后人的眼里还只是初始状态中的文化艺术，比较简单，甚至还有些粗拙和幼稚，但它毕竟是旅顺地区新石器时代人类在文化艺术领域中迈出的第一步，更是阶级社会文化艺术赖以发展成熟的原始基础和养分及土壤。

对于郭家村遗址出土的文物，我们曾经做过一番深入的研究，从而将郭家村遗址中发现的文物大致粗略概括为装饰艺术、陶塑艺术和图案艺术三大类。

在郭家村遗址出土的众多装饰艺术用品中，属于梳妆用品的主要有骨笄和石笄。笄是妇女用于盘头别发之物。在郭家村遗址下层中发现的一件骨笄是用骨片精做而成的。骨笄帽头被雕刻成多角形。从它的形状来说，可能是依据人类自身对花草的观察，以变形的手法摹刻而成的。而在郭家村遗址上层中发现的石笄则是一件非常有艺术特点的作品。石笄质地为玉，呈暗绿色，石笄帽头为平背，鼓面，下部有经过雕刻的纽绳纹和一半的环状带。在其两端各有一对钻孔，想来是方便将采集到的野花等物插于此处。骨笄和石笄的出现，反映出郭家村原始人类追求美的一种原始意识。它们的造型与纹饰的组合，表现出原始人类那种于朦胧之中所意识和积累到的艺术素养。它们所给予后人的启示，就在于艺术的最初最原始的需求，就是人类自身要把由精神产生出来的观念和思想，体现在他们的作品之中，由此获得旁人的欣赏、注意和理解。作为一种审美意识，也正是伴随着人类的艺术活动而日臻完善和丰满起来的。

除骨笄和石笄之外，郭家村遗址中还发现材质各异，经过钻磨的环、坠、珠等饰件。这些饰件将原始人类的审美意识观念在艺术品中强烈地表现了出来。根据这些物件的形体，后来的人们可以想象到它们主要是佩戴在手指、手腕和悬于耳垂、佩饰在胸前之物。这些饰件在其形体、种类上，丝毫不逊色于今天的同类饰品，做工的精细程度亦让人惊讶不已。在众多的饰件中，莫过于那些坠饰更超显小巧玲珑的精致之美。它们或扁或圆，或大或小，即使现代人在看过之后，赞佩之心也会油然而生。这些坠饰除了部分为玉质外，还有相当数量的牙坠，它们多由猪的獠牙和獐牙制成。它们最初可能是人们所使用的锥状工具，只是在后来由于这些兽牙外表润泽光亮，招人喜爱，才衍生为原始人类的重要的饰件。这或许也是原始人类对原始狩猎活动的纪念。在这些饰件的造型中，有的经过研磨钻孔，有的在一端刻有凹槽，这两种手法都是为了佩戴的方便。牙坠的出现一方面反映了郭家村原始人类对原始狩猎和家庭饲养业某种程度的开发，另一方面也反映了郭家村原始人类在追求装饰美的过程中所显现出的丰富的想象力和艺术创造力。

在郭家村遗址中，考古工作者还发现了直径在0.8厘米至1.1厘米的扁平圆形蚌珠，总数共达31枚。这些大小、厚薄均等的蚌珠，实际上是郭家村原始人类佩戴的一串项链。用贝壳这类物质制作出赏心悦目的装饰佩件，说明原始人类对外在的形式美已经非常重视。对自己身体和生活本身的美化，意味着人类自己在向自然界求索生存必需的物质条件的同时，又开始建立了一种新的关系，这就是审美关系。“人类对身体的美化，应是在审美意识形成之后才开始的”，而“随着人类同自然关系的复杂化，随着审美意识的产生和发展，才把它作为一种美的标志，也正是在不断发展中，使得这种人体装饰丰富起来”。郭家村原始人类诸多装饰品的遗留，表现出他们在以发笄和

郭家村遗址出土束发器

郭家村遗址出土绿松石串珠

坠、珠、环等物品来打扮装饰自己的同时，也给他人带来了美的愉悦和享受。

在郭家村遗址中还发现一件叫璇玑的陶塑制品。它的造型新颖独特，伸展的三个突翼璇角，将一个器物的形状，通过人们的想象，推到新的艺术高峰，使人们感到这是一个充满了生命力的整体，正在散发出蓬勃的朝气，放射着强烈的生命的光焰。这种奇特的艺术效果是郭家村原始人类奉献给人类社会的装饰造型艺术中的一份杰作。

在郭家村遗址中发现的陶塑艺术品，同饰件一样也是非常引人入胜的。如在郭家村遗址下层中发现了一件非常有特点的陶猪。该件陶猪虽然还相当古拙，在形式上只是以一段泥条细心地塑出一个大概的轮廓，在前端人为地刻出一个缺口作为猪的吻部，尾端用手捏出一个扁平向下弯曲的短尾，猪的腿部只是简单地塑出两个圆锥体。单从整体的造型上来看，这一时期的原始人类似乎对雕塑中圆雕技法虽有认识，但还是未能完全脱离浮雕艺术的初期风格特点，因此就出现了这种在一件作品中有两种表现手法的艺术的混合。而在相距下层文化有约1000年的上层文化中发现的陶猪，塑造技法就有了很大的进步。其形象更趋于逼真、写实，吻部尖突，尾巴扁圆。塑造的形象略为浑圆、肥胖，手法上也工细了许多。此时该猪的塑形，完全是在对猪的性情、形体、动作三大特征做过仔细的观察以后，采取大胆的取舍归纳、大胆的夸张变形，而完成了对作品的诠释。这里的取舍归纳及夸张变形，在艺术创作中是强有力的表现手段，是创作者为了能够更加突出作品对象的特征所输入的个人的表现力和思想情怀，从而使作品本身更具有深层次的意境。

在今天，人们常常会说，一个高明的艺术家总是会用朴素的艺术手段诱发欣赏者们来共同完成作品的创作任务，使其被简化、省略的地方能够留给欣赏者们以无穷的回味。其实，郭家村的原始人类在塑造陶猪的创作过程中似乎也做到了这一点。古朴粗拙的陶猪的形象，也给了人们一种强烈的震撼。这些都是艺术本身所具有的独特的魅力所在。郭家村遗址中发现的陶猪是在居民的生活区内，显然它完全是作为一种陈设和鉴赏艺术品而存在的。

在郭家村遗址中还发现了一件质地为夹砂红褐陶雕刻而成的人面像。根据其形状推测，它的制作过程，当是先取一块陶土，捏成一个小圆饼，然后用工具剔刻出眼睛及口，再捏出鼻子，经过烧制而成。这种创作过程，取自对人物自身生动的摹写。它既反映出原始人类所具有的惊人的观察、临摹、刻画的才能，又说明当时原始人类采用的表现生活的艺术渠道是非常直接的。在这里，我们或许也可以坦言，艺术的旨趣原本就在于，要把原始的对客观事物的观照和带有普遍性的重要思想呈现在人们的眼前，在让自己欣赏的同时，也让周围的观者共同享受到这份快乐。

由此而来，在郭家村遗址中发现的数量极为丰富的人类生活器皿的造型，更能从另一个角度展示出郭家村原始人类在审美意识观念上的不断努力和创新。这种努力和创新是以时间为发展顺序，逐渐接续地向前递进的。郭家村遗址在原始社会时期表现出的多元化经济的发展，促使了实际生活中陶制器皿种类的增多。器物的属性也因用途的不同，最终形成形式迥异的造型。如在郭家村遗址下层中发现的陶鬶就可算得上是器物造型中极有个性特

郭家村遗址出土绿松石坠

点的一件器物。陶鬶的整体器身呈壶状，小短颈，口边有流口，平底三锥足，宽带鋬，两边饰有竖凸的弦纹，腹部下方置有三足。这种三足器的出现，突破了人们习以为常的简单的对称形式，在直观上使人感到均匀而不拥挤，灵活中显现出一种洒脱与稳定。其实像陶鬶这类三足器在郭家村遗址的出现，也有受到山东大汶口文化和龙山文化影响的因素。山东大汶口中期文化遗址中也曾出现过相似的器物，从两地文化的对比分析上，我们可以感觉到，郭家村原始人类在器物造型的表现手段上和艺术的思维能力上有着不可小视的借鉴、继承和发展的能力。

图案作为装饰艺术，是一种美化工艺品的特殊的艺术表现形式，通过简洁的线条、乳点、弦纹，就能够随意地表现出人们在艺术领域中的各种思想意识的内容。

在郭家村遗址中发现的器物图案装饰手法主要有刻划、镂孔、附加堆纹等表现形式；纹饰主要有竖条纹、人字纹、网格纹、水波纹、斜线、横线纹，其他的还有刺点纹、乳钉纹等。在郭家村遗址中发现的大量的彩陶片更是以粗放的笔触绘出了一幅幅新颖别致的图画。彩陶上的图案多是用横、

郭家村遗址出土陶壶

竖、弧曲、折等线条描绘出的，布局显得饱满且丰富。表现手法上有红地黑彩、橙黄地黑彩、红地红彩等。纹饰的内容可分为三角纹、双钩涡纹、网格纹、斜线纹、弧形弦纹等。

这些图案纹饰一个最为显著的特点，就在于郭家村原始人类对线条得心应手、熟烂于心的运用和发挥。简洁的线条在他们的手中可以层出不穷地连续多变，瞬间即可组成连续状的几何纹、网格纹、水波纹等，层次清晰，主次分明，表现出较高的艺术性和丰富的装饰性。对于今天的人们来说，一根根极其简单的线条，在原始人类的手中竟成为撼天动地般的艺术创作的源泉，不能不让我们陷入更深层次的思考与遐想之中。需要强调的是，在原始社会时期，陶器纹饰其实并不单纯就是一种纯粹的装饰艺术，它同时也是氏族的共同体理念在物质文化上的一种彰显；而彩陶的图案纹饰在更多的情况下，是人类氏族共同体中的一种符号和标志，它在绝大多数的场合下是作为氏族图腾或者为其他的崇拜标志而存在的，不可否认，它与一个氏族中的信仰、崇拜和观念有着紧密的连带关系。

在郭家村遗址中，原始人类除了对线条融会贯通，编织出壮美的图案纹饰外，还开拓了对“点”的运用。郭家村遗址出土的陶纺轮多数是基于“点”的刻划，并由此组成了丰富多彩、形式各异的图案纹饰内容，比如以“点”排列出斜线纹、点涡纹、点线花瓣纹、点线叶脉纹等。今天，我们在面对这些纺轮的时候，不妨设想一下，当它们在我们的手中快速地旋转起来的时候，这些看似简单的组合点纹，给我们展现出的何尝不是斑斓绚丽、流动不止的精美画面呢？可以想象得到它们在给人不同视觉效果和不同感染力的同时，也形成了一种难以言表的活动着的韵律，以及产生出一种高低、强弱、松紧、顿挫的旋律来。

郭家村原始人类所描绘出的图案纹饰艺术，最终形成的是一种对比美、和谐美、节奏美、韵律美。

高山积冢说春秋

大连地区的积石墓和石棚文化

大连地区属于低山丘陵构造，整个地势东北高、宽，西南低、窄，地形呈脊突翼凹的半岛形状。境内山地为长白山余脉——千山山脉的南延部分，由东北向西南延伸，纵贯整个地区。这里的山无华山之险、黄山之秀、泰山之峻，然而重峦叠嶂之中，同样保存着很多文化瑰宝，让考古工作者魂牵梦萦，从中苦苦地探求先人们的生活轨迹和灿烂的古代文化。

就是在这一座座山中，考古工作者发现了独具海滨特色的古人墓葬文化。当然这里最有特点的是积石墓、石棚、石盖墓、石棺墓、石墩墓等，本文记述的是前两种。

在人类的远古时代，人死后并不一定埋葬。《孟子·滕文公上》说："盖上世尝有不葬其亲者。其亲死，则举而委之于壑。他日过之，狐狸食之，蝇蚋姑嘬之。"景象可谓凄惨，于是便有了"反蔂梩而掩之"。从现存的考古资料来看，中国旧石器时代的早、中期，不论是元谋人、蓝田人、北京人，还是资阳人等，都还没有产生埋葬死者的观念。中国旧石器时代的晚期以后，埋葬死者的观念才出现。由死而不葬到埋葬，应该说是人类社会的文明进步。因此，人们也清楚地认识到丧葬仪礼是一种社会制度与风俗习惯的缩影。不同历史时期的丧葬习俗仪轨，总是能够间接或直接地反映出当时的社会制度、社会经济和意识形态方面的面貌。

旅顺老铁山

四平山积石墓

从考古学家的记述中，我们知道大连地区的积石墓主要集中在旅顺口区老铁山、将军山、柏岚子西山、双岛湾街道牛群山、石线山、西壶嘴、台山、帽儿山，甘井子区南关岭岳山、营城子四平山，金普新区大李家街道太山、大李家街道正明寺东太山，瓦房店市横山及城山等。积石墓，顾名思义，它是用很多的石头堆积而成的。当然，它并不是简单地用石头随便堆积。积石墓一般是沿着山脉的走向，选择在绵延的山脊之上，面向南方，筑于地表。

据考证，它的修建方式，一般是先修整一下选好的山地表面，就近采集天然石块，用压缝交叠方法筑成长方形或近似长方形的墓葬群落。这种墓葬群落连为一体，长7米～20米不等，高1米左右，整体形制并不规矩。墓内筑有数量不等的墓室，墓室的排列以单排居多，也有多排的组合。这种积石墓有的是一次性完成的，也有的是多次筑成的。这种墓葬形式表明，在4000多年前的新石器时代末期，大连地区已经进入父系氏族公社时期。此时，财产私有的范围在不断地扩大，父系家庭的力量得到加强，氏族组织却日益松弛下来。这些带有本质性的变化，在当时的葬俗上也有了一定程度的反映。人们可以发现，这些积石墓一般都排列有序，埋葬的方向基本一致，有共同的葬俗。这一时期，墓葬中随葬明器的组合，明器的质地及类型、纹饰等基本一致，这是同一地区的各个氏族具有相同习俗、共有墓地的证明，表明父系血缘是维系氏族的纽带。

旅顺口区老铁山积石墓的发现开始于20世纪初。1909年，日本学者鸟居龙藏首先踏查并主持发掘了老铁山积石墓。1910年，日本学者滨田耕作继鸟居龙藏之后，又对毗邻老铁山西北的将军山积石墓进行了发掘。这两次发掘的研究成果在日本学术界引起了广泛的关注。1941年，以梅原末治为代表的日本“学术振兴会”组织并制订了“辽东半岛史前遗址和墓葬的发掘调查计划”，并委托时任旅顺博物馆馆长森修组织考古调查。考古调查期间，他们再次对老铁山积石墓（5座）、将军山积石墓（2座）进行了发掘。（1895年中日甲午战争结束后，直至1945年大连解放，其间除沙俄对大连的7年殖民统治外，大连地区的考古调查和发掘，一直为日本殖民统治者所主宰。）到了20世纪60年代，中国社会科学院考古研究所为了探讨中国东北地区古代文化的源流和发展，于1964年对将军山等地的积石墓进行了科学的发掘。此次对将军山积石墓的发掘，虽然规模不大，但为后来的辽东半岛地区积石墓的研究提供了重要而科学的第一手资料。

20世纪70年代，旅顺博物馆为了进一步认识和解决大连地方考古的学术问题，分别于1973年、1975年对老铁山、将军山的积石墓进行了发掘。20世纪70年代的发掘，进一步搞清楚了辽东半岛积石墓的内部结构，并在报告中

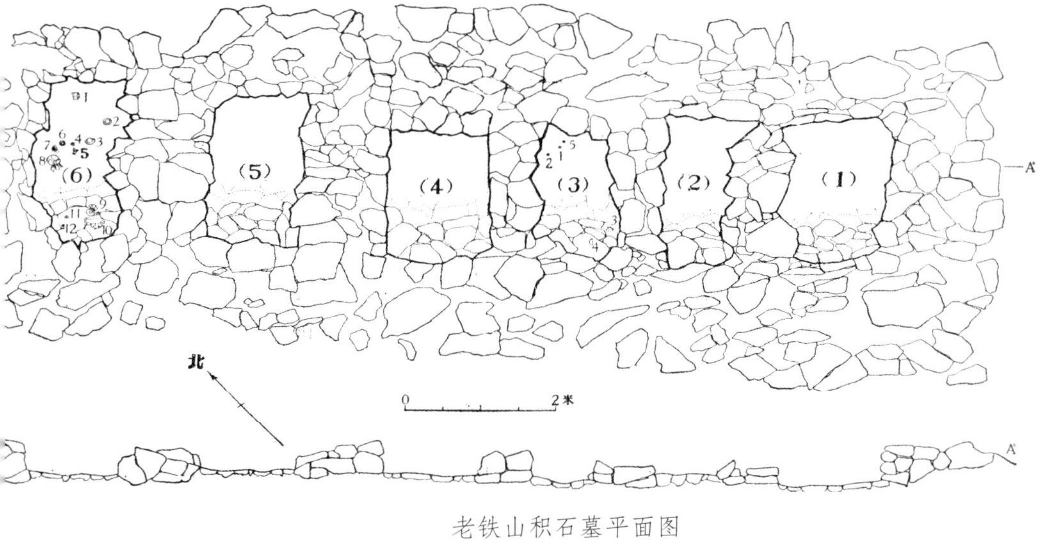

老铁山积石墓平面图

做了清晰的阐述："积石墓是按山脉走向，依山脊坡度筑于地表面的一种多室墓葬。修筑前，一般略微休整一下被选择的地表面，然后就地在山坡将自然的风裂石块搬到山顶，用压缝交叠的方法筑成长方形或近方形的积石墓。墓长一般7米～20米，墓内分筑数量不等的墓室，墓室以单排为多，也有多排的。有一次筑成，也有多次筑成的。单排墓室以一次筑成为多，多排墓室一般为多次筑成。墓室底部均铺不规整的石块，墓顶为0.6米～1米不规则的方形大石块覆盖。""随葬品以陶器为主……陶器可辨认的器形有罐、杯、豆、环足器、三足器、器盖、壶、盆、盘、鬶、纺轮等。"诸多类别的陶器的出土，对进一步认识和解决积石墓的年代问题找到了基本的依据。

这种聚落分布的墓葬形式，应是完整的氏族墓地，是氏族的血缘关系在丧葬仪礼中的重要体现。它的基本特征就是，氏族居住在同一个村落，死后亦埋在同一块墓地之中，可以使鬼魂有人们所期待的那种共同的归宿，由此可以免遭外族鬼魂的侵害。氏族墓地当是这一原始氏族部落社会性质的最好例证和体现。

旅顺口区铁山街道于家村砣头积石墓或许更为典型，也更能说明问题。

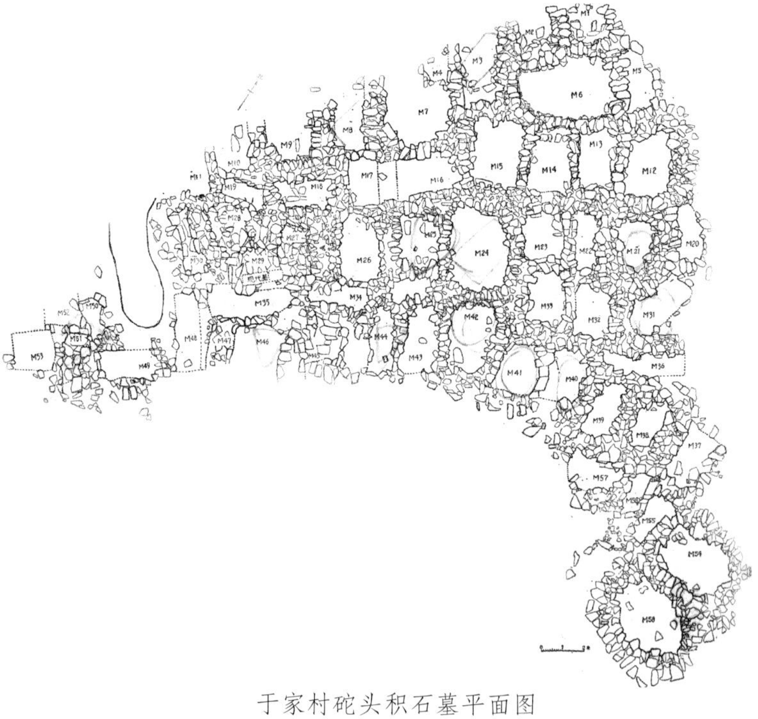

于家村砣头积石墓平面图

这里的58座墓绵绵相接，显然不是一次性完成的。这些墓自东向西排列，墓室多呈长方形，个别的为椭圆形。在墓室的底部多铺有一层小粒的海卵石，少数铺有大石块，个别的墓顶放有一排大石。墓地盛行丛葬，各墓内人骨呈颠倒交错叠压状，人骨多少不一，最多达21具，少则2具，一墓中男女老幼均有。个别墓内人骨散乱，似为多次埋葬。面对这迷离难辨的考古资料，我们有理由相信，此时的氏族部落首领已经占有少数奴隶，拥有“对他人劳动的支配权”。这里墓葬的性质与内涵的构成，向人们提供了一个确凿的例证，这些现象绝不是母系氏族社会的特征，而是父权制的反映，是阶级萌芽的标志。历史的发展告诉人们，从原始社会向阶级社会过渡，是一个极其漫长的过程。在母系氏族社会晚期，已经出现了私有制和阶级的萌芽。从母系氏族向父系氏族过渡，是反映氏族组织崩溃和向阶级社会过渡的现象之一。这些环节都不是在短期内就能完成的，而是一个长期的反复斗争的过程。家长奴隶制的产生、发展过程就是阶级形成的过程。

然而历史的发展又是曲折的。积石墓这种特殊的墓葬形式，虽然产生于铜石并用时期即新石器时代的末叶，却绵延着时代的足迹跨过青铜时代，直至春秋晚期，时间跨度有1000余年。这种具有渊源与继承关系的物质文化，构成了10个世纪的发展历程。其间，社会结构、物质文化形态和人居聚落关系的发展、变化、离合，昭示出这一地区文化紧密的传承和内在的发展动力。正是这些构成了具有时空性系统的框架，勤劳、勇敢而坚毅的部族先民，经历着历史的洗礼，以其聪颖和智慧不断地创造着历史。

晚于砣头积石墓时期且具有自身特点的，是发现于甘井子区的岗上墓地。先人们在平整好的墓地上用天然大石块筑成放射形的石墙，四周用石块砌成圆圈。墓地呈圆角长方形，墓室散布在墓地中间呈放射形的石

普兰店双房出土青铜曲刃短剑

普兰店瓦窝镇孙屯出土石矛

庄河小孤山出土石剑

大连烈士山出土石矛

墙内。墓室分为五种：第一种为墓室底部铺有大型石板，四周无墓壁，东西排列，位于墓地的中间；第二种是石棺形式，四壁用石板筑成，位于墓地西北面；第三种是在墓室底部铺设烧土块，位于墓地的南面；第四种是用砾石围筑的长方形墓室；第五种是简易的土坑，仅有一座。这片公共墓地共建有23座墓室，一墓中少则2具、多则18具骸骨。岗上墓地同砣头积石墓的葬俗基本相同，所不同的是这里的积石墓已经到了火葬的阶段。从墓葬的布局上看，有一种“和民众分离的公共权力”的影子。从时间上看，这里似乎已经比砣头积石墓晚了约1000年光景。

在岗上墓地，人们发现了青铜短剑、青铜矛及铜镞等器物，这些器物的存在说明战争已日趋经常化。此时的战争已成为掠夺财产的重要手段。“进行掠夺在他们看来是比进行创造的劳动更为容易甚至更光荣的事情。”（恩格斯《家庭、私有制和国家的起源》）青铜矛与剑是敌对双方短兵相接时使用的武器，弓箭（铜镞）射程较远，是防御、伏击时的重要兵器。这些锋利的兵器和防御性武器的出现，完全是因为战争，而这种原始的掠夺战争，加速了贫富分化，促进了私有制和阶级的形成，为王权国家的出现准备了条件。

大连地区的石棚遗迹，除在金普新区向应街道小关屯有发现外，大多分布在庄河市的东部、北部和西部，普兰店区北部山区和瓦房店市北部山区，其中尤以普兰店区北部的安波街道、双塔镇和乐甲满族乡一带比较密集。关于石棚，在我国古籍中早就有文字记载。《汉书·五行志》云：“元凤三年正月，泰山、莱芜山南匈匈有数千人声。民视之，有大石自立，高丈五尺，大四十八围，入地深八尺，三石为足。石立处，有白乌数千集其旁。”《三国志》云：“时襄平延里社生大石，长丈余，下有三小石为之足。”金代学者王寂在《鸭江行部志》中记述他亲眼所见：“己酉游西山石室，上石

普兰店安波出土春秋铜斧石范

石棚沟石棚

纵横可三丈，厚二尺许，端平莹滑，状如棋局，其下壁立三石，高、广丈余，深亦如之，了无瑕隙，亦无斧凿痕，非神功鬼巧不能为也。土人谓之‘石棚’。”《庄河县志》中是这样记述的：“姑嫂石，城东北九十里，在兴隆沟之西，突然特出古石四块，其二中立，其二旁覆状，若房间。土人相传该石先属三块，中立两块，上覆一块，后因迅雷急雨，将上覆盖之石震而为二，覆于两旁至今，两石对若合符节云。”这后一句恐怕是书者的臆测戏语了。

到目前为止，大连地区所发现的石棚一般都是用花岗岩和片麻岩筑成的，位置均在丘陵的高台地上，只有个别是矗立在不高的小山坡上。从石棚的形式上看，大致可分为两种。一种是大石棚，这种石棚的上面覆盖石，盖石体积均较大，扣在壁石上，四周形成一个较大的棚檐。金普新区向应街道小关屯石棚、普兰店区安波街道俭汤社区石棚沟石棚、瓦房店市松树镇台子屯石棚、庄河市塔岭乡大荒地石棚和吴炉镇白店子石棚均属此类。一种是小石棚，其特点是较矮小，上面的盖石一般不超出壁石，壁石与盖石正相吻合。普兰店区安波街道宋屯西山石棚，庄河市栗子房镇朱屯石棚、王家沟石棚、老粉房菜地石棚属于这一类。

专家从石棚建筑技术方面考察，认为这种石棚建筑绝非盲目无计划随

台子屯石棚

便建造的，从其选址到施工，都是经过周密设计的。石棚的位置多在先人们生活的场所附近，施工中一般是先将四壁的立石、上面的盖石及铺底石加工成形，然后铺上铺底石，在铺底石的周围往下挖坑立壁石。在坑挖好后，先将南北两侧的壁石立于坑中，再将东侧壁石立起，正好把南北壁石所蔽露的位置堵上。为了能够使立起的壁石与铺底石套合牢固，在设计加工时，便首先要将壁石与铺底石的相合处凿出凹槽，使凹槽的宽度正好与铺底石的厚度相合，在壁石与铺底石套合时，形成了子母榫卯。三面壁石立好以后，将其周边堆上土，形成一个土坡，然后顺坡将盖石拖拉到壁石上面，待位置准确后，再将其三面的封土撤掉。此时将尸体和少量的随葬品送入石棚内，最后再将西侧的壁石合上，谓之“封门”。由于西壁是在石棚建好后最后合上的，与上面的石盖不甚相合，结果就向内倾斜。从现存大石棚的建筑规模看，在当时运载技术十分落后的情况下，能够把几吨重甚至是几十吨重的巨大石块运到山丘上，筑起这样巨大的建筑，实在是一件不容易的事。

那么石棚这类建筑究竟是做什么用的呢？大连地区的考古学家普遍认定它是一种墓葬，然笔者却觉得大有商榷的必要。虽然人们在石棚中发现有人骸骨的痕迹，但从其随葬品看，仍显得与建筑的规模不相称。说到底，石棚或许只是历史上部落的祭祀建筑，至于那些骸骨，只是用来陪葬的祭祀殉品罢了。这是因为，在父系氏族社会的晚期，随着社会生产力的进一步提高，私有制的不断发展，出现了家长奴隶制，标志着阶级正在形成之中。家长奴隶制时期，社会的基层单位起初只是父系家庭公社或称父系大家庭，后来血缘关系被私有制和战争冲垮了，形成了地缘公社，即毗邻公社。农业部落是农村公社，畜牧部落是游牧公社，狩猎部落是游猎公社。这种公社一般具有两重性：一是还在一定程度上保存公有制，部分生产资料如土地、森林、河流还是共有的财产；二是出现了私有制，此时的房屋、牲畜、工具已经私有化，个体劳动和产品私人占有等。

进入阶级社会初期，频繁的掠夺战争加强了各级军事首领、氏族头人和祭司的权力，还扩大了部落联盟，使首领们的社会地位日益巩固和上升。他们从公社成员中分离出来，通过公职，化公为私，积累个人的财富，变俘虏和负债人为奴隶，由社会公仆变成剥削者和统治者——奴隶主。所以说，正是这种原始的掠夺战争，加速了贫富分化，促进了私有制和阶级的形成，为王权和国家的出现准备了条件。

说到底，石棚这样的建筑遗迹，就是一种氏族部落公社王权的象征。

众里寻他千百度

大嘴子遗址出土文物

《大嘴子——青铜时代遗址1987年发掘报告》书影

在笔者的案头上，放着一部装帧考究、印刷精致的图书《大嘴子——青铜时代遗址1987年发掘报告》，据说，这是大连出版社建社以来出版的唯一一部大型专题考古报告。正因为有了这部报告，才让更多的专家、学者和市民对大连地区著名的青铜时代历史文化遗迹——大嘴子，有了更多的了解和认识。或许，当年该书的编著者及出版者都不会想到，这部报告，对一个不断探寻文化足迹缘起、挖掘城市精神内涵的城市，会发挥出怎样一种振奋人心的鼓舞力量。但对于专业人士而言，却是因为这个重要的历史文化遗址已在我们的面前消失殆尽，才让这部专题考古报告更显示出它的珍贵所在。

大嘴子遗址位于大连市甘井子区大连湾街道办事处所在地东南约2000米处的黄海北岸，分布在三面环海的半岛尖端台地上，高出海面约10米，面积达1万平方米。大嘴子作为历史文化遗址是1959年首次被发现的。1987年3月

大嘴子遗址

大嘴子遗址出土陶豆

大嘴子遗址出土黑陶罐

大嘴子遗址出土红陶壶

至7月，为配合大连经济技术开发区跨海高速公路——振兴路建设工程，经国家有关部门批准，由专业考古工作者对大嘴子遗址进行了科学而严谨的发掘。共布5米×5米探方128个，实际发掘面积约3300平方米，揭露出房址39座、石墙3道、灰坑8个，出土各类器物1400余件。数月后，该遗址的命运发生了变化。对此，发掘报告在序言第二节中做了一个简单的交代："1987年7月进入雨季后，发掘暂停。此期间，遗址已发掘部分被振兴路施工单位以推土机推掉。"

大嘴子遗址发掘报告中称，大嘴子遗址文化层厚度在2米至2.5米，分为第一、二、三期文化。因绝大部分的探方未掘到生土层（考古发掘仍在进行中），故第一、二期文化层出土器物较少。大嘴子遗址发掘最重要的收获，是获得了第三期文化的较完整资料。这些资料表明大嘴子第三期文化是同类遗存中遗物最丰富、最具典型意义的遗存。

考古发现告诉我们：此时人类居住的房屋分为石筑和半地穴式两种。石筑的房屋多是在平地上以石块筑墙起室；半地穴式的房屋有圆角方形、圆形和椭圆形三种，均因为失火而坍塌。在大嘴子遗址上还发现了一种长长的建筑遗迹，那就是依照地形起伏人工砌起来的两道半环形的石围墙。两墙之间的空地便是村落遗址的所在。第一道石墙一部分已经颓毁，保存下来的部分仍有1米多高，垒筑非常整齐。第二道石墙残存长度有39米，墙高约50厘米，墙宽约2米。著名考古学家佟柱臣先生在现场考察后著文指出："像这样的石砌建筑在辽东半岛上还是首次发现，从全国来看，有石墙的遗址也不多。可与仰韶文化相对比的包头阿善遗址有石墙，可与龙山文化相对比的凉城老虎山遗址有石墙，赤峰一带夏家店下层文化也有石墙。所以大嘴子的石墙就全

大嘴子遗址出土黑陶簋

国来说，也是屈指可数的几例中的一例，无论是在建筑史上，或是在社会形态研究上，都是颇有意义的。”

大嘴子遗址属于青铜时代遗址，除了发现少量的铜器外，还有石器、骨器和陶器。其中石器数量最多，陶器的数量也不少。发现的陶器主要是以夹砂灰褐陶为主，除个别为轮制外，多数为手制，部分器物的口沿经过慢轮修整。器物类别以大型陶壶的数量为多，此外还有罐、碗、豆、簋、盒、甗等，纹饰图案丰富，能够复原的器物在三四百件以上。类似大嘴子遗址这样出土文物如此丰富的遗址，其实是并不多见的。

大嘴子遗址出土彩绘陶壶口

在大嘴子遗址出土的文物中，有用朱、黄、白三色绘制的几何纹彩绘陶，有用于陶器施彩的石砚。经过科学测定，大嘴子遗址第三期文化年代距今约3000年，略相当于中原商周之际，是辽东半岛南端颇具地方特点的人类生活大聚落遗址。

大嘴子遗址出土石砚

在那个时代，居住在大嘴子区域的人类生活状况又是怎样的呢？考古发现表明，此时的人类主要过着农耕与渔猎生活。农耕的最好例证，就是在这里发现了盛装在6个陶罐内已经炭化了的谷物。这些谷物经过农学家的鉴定，是稻米和黍米（也有人认为是高粱）。更有专家认定，大嘴子遗址所发现的古稻已经基本上完成了粳亚种的演化过程，属于粳稻中的较小粒类型。根据大连所在的地理纬度，参照古气候资料加以推论，这里稻米的光温反应特性属中等，基本的营养生长期较短，属于中稻中熟或中稻早熟类型，它的生长期为145天至165天。不论是稻米还是黍米，均是大连本地区种植收获的。

大嘴子遗址出土稻米

大嘴子遗址所发现的稻米，具有重要的意义。从传统意义上讲，属于新石器时代和商周时期的稻米标本在华南地区、长江流域和黄河流域多有发现，地点已多达90余处。但就东北地区而言，大嘴子遗址所发现的稻米还属首例。这里成为已发现的中国历史上最北的稻米耕作地，填补了这一地区农作物种类的空白。大嘴子遗址稻米发现的重要意义，还在于它为研究中国栽培稻传入朝鲜半岛、日本的路线提供了实物资料。就目前学者所认可的观点来说，一般认为朝鲜半岛和日本的水稻都是从中国传入的。仅日本学者在论述中国栽培稻东传的路线上，就有北路、中路、南路诸说。中国著名历史学家严文明教授则认为，根据现有的证据，中国栽培稻的东传路线最大的可能是经长江中下游—山东半岛—辽东半岛—朝鲜半岛—日本九州—日本本州这样一条以陆路为主、兼有短程海路的弧形路线，以接力棒的方式传播过去的。在这一传播路线中，以往除了辽东半岛外，其他地段均有稻米标本的发现，此次在大嘴子遗址发现稻米标本，更加充分地证明了这一东传路线的可信度。

伴随稻米标本的发现，人们还看到大嘴子当时农业生产的进步，其典型标志就是农业生产工具的进步。作为专用收割工具的石刀不仅数量多，而且形制多样，显示出生产工具的进步性。

大嘴子遗址所出土的文物，还从另一个侧面说明当时渔业经济的发达。陶网坠和骨钓针的出土数量较多，而且陶网坠的形制多种多样，显示出在制作工艺上的成熟。这些陶网坠的普遍特点是体积相对较小，重量相对较轻，应当是用于较小的网在浅海作业。

钓针是两端有尖、中间带有凹槽的一种钓具。使用时，将鱼线系在钓针的中部，饵料穿在钓针的两端，在鱼食饵时，钓针随即顺着鱼的口腔滑下，

大嘴子遗址出土骨钓针

大嘴子遗址出土陶网坠

大嘴子遗址出土铜矛

待鱼张口向外排水时，钓针便会由于一端受到阻碍，方向发生改变，横别在鱼腔内，真是欲吞不进、欲吐不出。这种古老的垂钓方法，已被人们赋予新的意义，这就是人们常言的“姜太公钓鱼——愿者上钩”。

在大嘴子遗址中，人们还发现用陶罐、陶壶盛装的鱼类遗骸，其数量竟达10余罐、壶之多，鱼头和鱼骨结构清晰可辨。由此可知，当时人们不仅平时食鱼，而且还会将多余的鱼储存起来，或许此时的人们已经懂得了简易的腌渍方法。在遗址中，就发现一处堆积了百余条长度在10厘米至15厘米的鱼类遗骸，周边的土质已呈灰白色，这似乎是因为盐分浸渗而造成的。大嘴子遗址坐落在三面环海的小半岛上，这种自然地理环境，为人们向富饶的海洋索取食物提供了便利的条件。

在大嘴子遗址中，出现了石围墙这样的防御设施，并有铜戈、铜镞、石戈、石矛、石钺、石镞、石棍棒头等兵器。

这些说明，此时的人们已经有了“城”的基本思维，且当时战争似乎已经很频繁，并具有一定的规模。这里发现的铜戈，就是古时征战的钩杀兵器。它虽然前锋已断，仅存援部，但从其痕迹分析，这件铜戈两侧不对称，援下侧斜而微曲，援上侧则弧度较大，器体横向微曲，两面中间偏上起脊，脊棱不高，直贯器上，当系合范铸成。这件铜戈，是目前东北地区发现的最早一件带有地方部族特点的铜戈。显然，制造和使用这种铜戈的年代，已经越过了原始社会的解体阶段。

谈到此处，不禁想起毛泽东的读史之词：“人猿相揖别。只几个石头磨过，小儿时节。铜铁炉中翻火焰，为问何时猜得？不过几千寒热。人世难逢开口笑，上疆场彼此弯弓月。流遍了，郊原血。一篇读罢头飞雪，但记得斑斑点点，几行陈迹。……”（《贺新郎·读史》）

大嘴子遗址出土铜戈残片

大嘴子遗址出土青铜镞

大嘴子遗址出土石钺

琅华汉风映辽南

大连地区汉代遗迹及文物赏析

牧羊城遗址

在中国历史上，汉代是一个重要的历史时期，此间所形成的社会制度与精神文化，尤其是价值取向和思维方式，奠定了中国文化的基础，并长期支配着中国历史发展的方向。

在大连地区，汉代的文化滋润着这片古老的土地，形成了大连历史上文化发展的第一个鼎盛时期。那些遍布大连境内的诸多汉代历史文化遗迹以及出土的丰富多彩的文物，就是最好的证明。大连地区汉代的历史文化遗迹大致可分为两大类：一类是汉代的城址遗迹，另一类则是汉代人的墓葬遗迹，今人习惯称之为汉墓。目前已发现的汉代城址有旅顺口区的牧羊城，金普新区大李家街道的大岭屯城、东马圈子城，瓦房店市的陈屯城，长海县广鹿岛的朱家屯城等。而汉墓所发现的区域则要广泛得多，在旅顺口区、甘井子区、金普新区、普兰店区、瓦房店市及长海县等地区都有发现。这些城址与墓葬的遗迹，从许多方面反映出当时大连地区与中原在政治、经济、文化等方面的一致性。可以说，是特殊的地理位置为大连地区提供了吸纳八面来风、融汇南北文化的空间优势。这些文化的交融与碰撞、创新与继承，形成了独具特色的大连地区汉代文化。

在这里，我们不妨先追溯一下那些给人们提供了固定居所以及生活方便的古城。说到城，它当然要比一般的居民点大许多，一般都有城墙，有比较多的人口，有统治机构和一批为它提供服务的人员，有一定的工商业活动。同时，它还应是一个地区的经济中心，它的经济势力可以影响周边广大农村的经济生活。自汉武帝以后一直到东汉中期，城邑经济虽然有时遭到破坏，但大体上维持着繁荣。东汉时期，城邑经济似乎要比西汉时有所发展，城邑中人口集中的程度也远比西汉时要高。“三里之城，七里之郭”已很普遍。东汉后期，由于豪门贵族生活日益奢侈腐败，大量社会底层的人也麇集在城邑之内，游手好闲，城邑经济表现出由盛转衰的迹象。总之，从战国至秦汉，人口一般是围着城邑来居住，并由城区向外辐射。这里需要强调的是，早期城邑的兴起，政治和军事因素的决定性色彩似乎更浓厚一些，经济功能则是后来在生活实践中逐步形成的。

牧羊城城墙西壁

旅顺口区的牧羊城是大连地区发现较早的一座汉代城邑。据清《奉天通志》记载：“牧羊城，城（宁海县城，今金州

牧羊城城墙

牧羊城遗址全景

牧羊城遗址出土铜钱

牧羊城遗址出土“乐央”半瓦当

城）西南一百五十里，周围二百五十步，门一。”经后来的考古工作者实地测绘，牧羊城遗址平面呈长方形，南、北长约130米，东、西宽约82米，城墙部分为石筑，其上以土夯筑，在其残垣断壁上仍可见清晰的夯层和夯土工具留下的夯窝。1928年，曾有日本学者对牧羊城遗址进行发掘，出土的历史文物甚为丰富，既有青铜时代的石斧、石刀、石纺轮、石镞、骨针、骨锥、骨镞及大量夹砂褐陶器，也有战国至汉代匽化刀币、匽化圆币、一化圆币、半两钱、五铢钱、大泉五十等货币和铜镞、铜敦、铜带钩、铁镬、铁刀、板瓦、“长乐”半瓦当、“乐史”半瓦当、双马纹半瓦当、泥质灰陶等。

牧羊城的周边则分布有众多的战国至汉代的石墩墓、土扩墓、瓮棺墓、贝墓和砖室墓。在城址附近曾出土过“河阳令印”“武库中丞”封泥。汉时的河阳即今河南孟津县一带；“武库中丞”是汉中央政府掌管军械库的官员，从史籍的记述来看，当时设左、中、右三丞的“武库”只有西京一处。从这两方封泥中，我们完全可以想象到这里与中原地区、中央政权的密切往来。考古研究证明，牧羊城是建在青铜时代的文化遗址之上的，始建年代约在战国后期。两汉时期，由于地方行政机构的设置和完善，以及海运航线和陆地交通的开拓，人口不断增多，农业生产规模不断扩大，商业贸易交流活动逐步外延，使得这里成为连接中原与东北地区的重要枢纽。当年牧羊城选址于丘陵之上，居高临下，既不受水患之害，又易守难攻，且西南面海，视野辽阔，虽非“一夫当关，万夫莫开”的险隘，但也不失为一座重要的海防关邑。

牧羊城遗址出土陶碗

牧羊城遗址出土铁耜

"张店汉城"碑

张店汉城也是大连地区一处重要的历史文化遗迹。它位于普兰店区铁西街道二道岭社区张店屯北的一片耕地中，其占地规模是目前已见的汉城遗址中最大的。考古工作者在城址内发现了战国至汉代的遗物，如战国时代的铜斧、铸铜斧的斧范、安阳布币等，汉代的卷云纹瓦当、半瓦当、"千秋万岁"瓦当、铜镞、铜带钩、铁镬、五铢泉货等。在城址的周边还分布有很多汉代墓地，验证了古人"城内而居，城外施葬"的说法。

2019年，张店古城遗址被确定为第八批全国重点文物保护单位，用丰富的出土文物证明了2000多年前大连地区城市的繁荣。

从大连地区已发现的这些城址来看，汉代的城邑与后代的完全一样，多建于农业比较发达的区域，交通比较便利，人口比较稠密；这些城邑又多临近河流和海岸，如牧羊城就距海只有500米，张店汉城西南方亦临近普兰店湾之海口。位于瓦房店市太阳升乡王店村北的陈屯汉城，有复州河经城南向西注入渤海。位于金普新区大李家街道的大岭屯城，南面紧临黄海。这些都是因为河流和大海在为城邑提供生活便利条件的同时，也提供了一定的航运条件。河流和海洋还可以成为城邑的天然屏障，保卫城邑的安全。

汉代城邑的建设规模差异很大，城邑的平面形状也不尽一致。大连地区的汉城以正方形和长方形居多，为什么是这样呢？因为从几何学角度讲，在周长相等的情况下，正方形所获得的面积为最大，其次是长方形，似乎古人很早就已认识到了这一点。当时修筑城墙实属不易，以较短的城墙来获得尽可能大的城内面积，也是最经济和实用的选择。而近来更有学者认为，这种建筑形式与古人对天象的认知有着较为密切的关系。

说完了汉代的城邑，我们再来看一下汉代人的丧葬习俗。依据目前的考古发现，从汉墓使用的材料、墓室的结构、墓室的平面布局等因素出发，考古学家将大连地区的汉墓形制大致分为以下几种基本类型：

1.贝墓。以牡蛎、海螺以及各种海产蛤蜊贝壳筑成。其建筑方法是先掘好土圹，在墓底铺上贝壳夯实，再在墓壁四周竖立木板为椁，在椁内侧放置贝壳并夯实。入葬后盖上椁盖，再填充贝壳，然后封土。以贝壳筑墓的目的是为了防潮御湿，保持尸体不朽。这种贝墓有单人单室、分室合葬和同室合葬等形式。

牧羊城贝墓

2.贝石墓。指用贝壳与卵石或石椁合筑的墓葬形式。其筑法或是以一层贝壳施一层卵石筑成墓壁，或是在墓圹四周先筑成石椁，然后再于椁内侧填施贝壳夯实而成。

3.贝砖墓。用贝壳和长方形条砖合筑而成。其筑法或是在墓圹四周的贝壳壁内侧贴筑一层砖，或是墓壁上、下以贝壳筑成，中间用砖砌成。

4.砖室墓。以带有花纹的青砖筑成的单室、双室或多室墓。久负盛名的大连甘井子区营城子壁画墓就是用砖砌筑而成的。

5.石板墓。以比较规则的泥质板岩石块筑成，常见的有单室、双室和多室。

6.瓮棺墓。常见的有两种形式：一种是用较大的陶罐和陶釜与其他陶器相互套接而成；一种是中间为一节较大的陶水管，两端以陶罐或其他陶器封堵。

牧羊城贝墓局部

在整个汉代社会，祭祀祖先

之风非常盛行。张衡在《南都赋》中有记："纠宗绥族，禴祠蒸尝。"这里的"禴祠蒸尝"就是四时祭祀祖先宗庙的活动名称，即春曰祠，夏曰禴，秋曰尝，冬曰蒸。大连甘井子区营城子壁画墓中所描绘的祭拜先人图，真实地表现出大连地区汉代祭祀文化的内容。壁画主要分布在主室的北壁、南壁、东壁门外，这些不同位置上的壁画反映了不同的主题和寓意。例如：主室的南门似为通道门，是死者居室通往外界的唯一道口，此处的壁画内容便与打鬼辟邪、保护死者安全有关。内壁门拱上绘有守门神饕餮的上身，头上突起两耳，青面獠牙，双目圆睁，颀长无比的双臂左右伸展，做护卫之状。关于这方面的内容，王充在《论衡》中曾有记述："图仙人之形，体生毛，臂变为翼，行于云，则年增矣，千岁不死。"

门的左右两边各立有面向内视的守门人。左边的守门人浓发竖立，裂眦嚼齿，髭须虬翘，一手持旗，一手执剑于肩上；右边的守门人则头戴纱帽式帻，面相温和，拱手示一旗，旗杆上飘带呈"个"字形。外壁门边绘出红褐色网格纹，门上绘一个探出上半身的怪人形象，头戴三山冠，粗眉二道，双目圆睁，大口悬开，皓齿毕露，髭须浓墨，下饰有黑色巾帕，怪人双臂伸直，双手各持一旗。

这一由原始的图腾崇拜在原始巫术基础上演化出的门神，随着时代的变

营城子壁画墓南门门顶壁画

迁逐渐被赋予了新的内容，成为一种广为流传的民俗。这里匠人们所描绘的内容并不重在细腻的形象和感情的抒发，而是主要通过外在形体动作来反映所要表现的内容，这就形成取其大貌、不拘小节、强化动感、摒弃静弱的特点，表现出奔放、飞动、紧张、粗豪之美。

壁画墓主室北壁所表现的则是祈祷主人升天成仙的画面。画面内容由两部分组成，上部以墓主人为对象，描绘出升天成仙的虚幻场景。墓主人位于画面的中部，头戴三山冠，身着长袍，腰佩长剑，拱手于胸前，侧身向左，长袍及底处有云气围绕。在他的身后有一侍者，手托长盘紧随。侍者的身后跟随一飞驰的苍龙，龙的躯体因受到画面位置的限制，仅绘出龙首及前半身，龙身遍饰着色的鳞片。墓主人的正面立着一头戴方巾、手持羽扇的方士，慈眉善目，面有微笑，与墓主人嘘寒相招，引导墓主人步入天国。在其身后，云气弥漫缭绕之中有一飞鸟，从上而下做俯飞状。鸟的左侧有一羽人踏云而至，一手持灵芝做舞动状。画面的下部表现了墓主人的亲属祭拜的场面。三个祭祀者向左而视，分别做卧拜、跪拜、立拜三种姿势。祭祀者前方

营城子壁画墓南门门两侧壁画

营城子壁画墓墓主人升仙图

置有一供案，上置有酒樽和斗，下面散放着耳杯。祭祀者的举止和服饰颜色的关系似乎表明了他们与墓主人的辈分关系。整个画面将现实人物与幻想虚构交织在一起，具有大胆而丰富的艺术想象力。画面中的人物、羽人、云气等内容，勾线流畅，运笔自然，显得十分拙朴有力。全图以墨线勾勒为主，仅在人物的口唇、龙首等处略施朱彩，映衬之中显得肃穆。此画虽表现的是升仙祭拜的题材，但使用的是写实的手法，整体风格率意洒脱，线条圆润流转，渲染技巧熟练，人物比例准确，人物的身份、姿态、神情刻画入微，性格鲜明，用笔准确流利，没有滞涩修改的痕迹，显得老练成熟，艺道精湛，表现出画匠风格粗犷、奔放、自由、率真及卓越的技法和浪漫的情怀。

除了在壁画上看到的民俗风情外，我们还可以通过其他出土文物，找寻汉代社会生活的影子。在营城子壁画墓中还曾出土了一件造型别致的彩绘五枝陶灯。陶灯在工艺上采用轮制方法做出一中空束腰的二层台级式灯座，上面呈一圆柱形，施有等距的三角镂孔，与下层的连接处漫出一檐台，顺檐而下逐渐内敛，接近底部又向外撇，有一高圈足，束腰处剔出等距的圆孔。

五枝灯碗是人工抟土制成的，呈圆口浅盘式，立于灯台最上部的一盏灯做“丁”形，直接插入上层灯台的中央孔中。其他四盏灯的灯柄，则为仿古建筑中的斗拱形，紧紧地贴附于灯台的出檐上处。陶灯底座绘有大面积的彩绘图案，内容是汉代最为常见的云气纹。观此灯，不免令人幽思绵绵，宛见一缕灯影摇红，回眸已是星转霜消。

作为史学工作者，总爱寻根刨底，但在追溯灯的起源上，似乎难有一个准确的解释。尽管先秦古籍中多处提到“烛”字，不过经过认证，那所谓的“烛”并非后来的蜡烛，而是专指点燃的火把。但有一点可以证实，灯是从古时的食具陶豆演化而来的。东汉人郑玄曾说过“瓦豆谓之镫”。这里的瓦豆，就是陶豆，而“镫”“燈（灯）”等古人用字中皆有一个“豆”字，就是最好的证明。营城子壁画墓出土的五枝陶灯，在整体造型上似乎也有先人使用陶豆的踪影。由此可知，古人在工艺品的制作过程中，首先是以生活中的实用物品作为母本，然后才在此基础上表现出时代的艺术风格和特点来。彩绘五枝陶灯的主要风格特点可以用“古朴”二字来概括。这种古朴，没有娓娓的细节，没有刻意的修饰，甚至也看不到张扬的个性和主观上的抒情，我们看到的只是粗线条的图景形象。但就是在这种不饰细节的造型中，于粗犷的轮廓形体上，十分准确地表现出汉代所特有的一种美学风格来，使得彩绘五枝陶灯透出风清骨峻之神、通达旷远之韵。

营城子壁画墓出土彩绘五枝陶灯

说到古朴，我们又想到旅顺口区铁山街道南山里出土的一件汉代陶磨。“磨”是用来磨面的工具，这是古代最先进的粮食加工工具。据考，最早时人们称磨为“硙”，只是到了汉代以后才称为“磨”。这样算来，它的出现和使用最少也有2000年的历史了。这种圆形石磨的出现，改变了人们对谷物的传统吃法，而将颗粒状

旅顺铁山出土东汉朱雀陶灯

甘井子区营城子出土陶水井

的粮食加工成为面食，是中华民族饮食史上的一大进步。石磨退出历史舞台，也只是近几十年之事，那是因为出现了电力磨面加工机器。

旅顺南山里出土汉代陶磨

旅顺口区出土的这件陶磨是一件随葬的明器。它是抟土制成的，整体分为三层。底层为三足圆形磨架。陶磨分上、下两扇，下扇置于磨架之上，底部平齐，上部中间延伸出一磨轴（又称磨脐），以磨轴为中心刻出放射线的阴槽，以示磨齿；上扇底部平齐，中间有一凹槽，以套下扇石磨磨轴。陶磨上扇顶部亦呈圆形，表面中心内敛为凹圆状，当中有一隔梁，两侧各有一细长的漏孔，以漏淌米物。在它的边缘处还有一明显的陶磨扶手痕迹。这件陶磨的造型，于古朴之中又不乏细致入微的塑造。

汉代人盛行厚葬，包括日常吃的、用的，以及一切在现实生活中所使用或常见的物品，都要放入墓葬之中；即使有些物品难以相随入葬，也要将其仿制下来，制成明器入葬。旅顺口区铁山街道南山里出土的陶磨就是最好的例证。同时，这件汉代陶磨的出土，也纠正了史学界某些学者所认为的这种汉代圆形石磨“只流行于黄河流域和长江流域中下游地区”的错误结论。

汉代文物除具有古朴之美外，大多还有清奇浑重的另一面。20世纪70年代，考古工作者在普兰店区铁西街道花儿山社区发掘出一件彩绘陶壶。这件陶壶为侈口、小卷沿、有盖、溜肩、鼓腹、圈足底，器盖及器身通体用红、白之色施以彩绘。从鉴赏的角度看，不论是造型还是纹饰，都把汉代那种泱泱大国的浑厚文化特点表现得淋漓尽致。

一件普通的灰陶器，自身的胎质虽然还算得上细腻，但总是透出一丝冷意，显得有些单调、沉寂。奇迹就在于古时的大连人能够以简单的红、白两色，混搭涂绘，犹如高山流水，曲直缓急疏密有致，幻化不定。在这里，装饰艺术与人们的意识观念巧妙地结合为一体，使这件彩绘陶壶在造型和装饰中表现出动静结合的特殊效果，给观赏者带来雅致与柔和的感受。这件彩绘陶壶通身所绘的云气纹是在汉代社会中颇为流行的一种纹饰图案，源于古人日常生活中常见却又尚未完全理解的自然现象——云朵和雾泽，反映了人们

普兰店花儿山出土彩绘陶壶

普兰店花儿山出土鸱鸮陶壶

对云气变幻无穷的崇拜。因绘画者性别、兴趣、技法的不同，以及他们对云朵、雾泽理解的不一致，导致了云气纹图案千变万化。在绘画者的笔下，这些纹饰或烟波浩荡，横亘天际；或似奇光异彩，灼灼照人；或似明珠错落，跳跃滚动；或似雾里看花，迷离恍惚，幽艳奇绝。这些纹饰经历了千年的沉睡、千年的风霜，在若明若暗之中，透露出一种朦胧的美；于若停若续之中，透露出一种落错的美；于清奇浑重、若驻若行之中，透露出一种距离的美。

汉代，大连地区的建筑业同农业、手工业一样，也得到了充分的发展。这种发展是与各类建筑材料，特别是陶制砖瓦的普遍应用密切相关的。从历史上看，瓦的出现要早于砖，可分为板瓦和筒瓦两种。板瓦体积偏大，瓦房店市陈屯出土的汉代板瓦每片长均为50厘米、宽均为30厘米。板瓦的表面多饰以凸起的弦纹和粗绳纹，使板瓦能够紧密地覆盖于房顶苫盖的泥浆中而不易脱落。筒瓦与板瓦结合，能够构成防水的屋面。筒瓦的首部一般会有一圆当或半圆当，这就是后人所谓的“瓦当”。汉代瓦当的艺术风格吸收了战国以来的精华，同时又加以创新，使中国的瓦当艺术达到了巅峰。汉朝的瓦当流行四神纹样，并用“汉并天下”“长乐未央”等吉祥文字来加以装饰，借以表现出对汉王朝统一祖国大业的歌颂和祝福。从大连地区已发现的汉代瓦当看，可以说是内容烂漫多姿，而其质朴淳厚的气韵又给人们以安定、舒畅的感觉。

普兰店花儿山出土彩绘陶壶

大连地区所发现的汉砖以西汉晚期以后的居多，形制上也多为条形青砖，还有榫卯砖、楔形砖、铺地方砖以及带有浮雕意味的花纹砖。不可否认，条形青砖作为汉代建筑的主要材料，对当时乃至以后我国历代建筑的

旅顺南山里出土蕨纹瓦当

旅顺南山里出土筒形瓦

金州三十里堡出土鸟纹砖

金州董家沟出土鸟纹砖

发展，都具有划时代的意义。根据考古发现，早期的条形青砖多为小且薄的砖，长、宽、厚分别为32厘米、13.2厘米、4厘米。到了东汉以后，条形砖的长、宽、厚度逐渐趋向合理的比例，一般长36厘米~39厘米，宽18厘米~19厘米，厚6厘米~8.5厘米，比例接近整倍数，约为6:3:1。

然而，最能引起人们兴趣的还是那些发现于大连地区的汉代花纹砖。其花纹图案一般是以浮雕的形式装饰在砖的一个侧面，或是在一个侧面及一个横头的位置上，也有的装饰在砖的一个侧面及两个横头上。这些花纹砖集中分布在汉代城址和较大的居住址以及墓葬区域附近。就目前所见到的纹饰图案来看，主要有几何纹、重圆纹、狩猎纹和单一主题纹饰（如货币、鱼等）。根据我们对汉代社会生活的考证，可以认真而准确地说，这些图案更多寓有“富贵”“富贵千秋”“食禄有余”“吉祥”

旅顺南山里出土钱纹砖

旅顺南山里出土马纹砖

等含义。在这些花纹砖上，工匠们通过自己的艺术处理，无论是线条刻画还是形象写真，都通过夸张变形和装饰的手法，把繁杂丰富的内容，有条理地组合成为宾主有序、虚实相生的精美画面。他们从形声、会意的造字结构中，创作出特殊的谐音、形象来表达思想内容，在另外一条艺术渠道中开始崭新的创作，从而成为中国版画制作的先驱。这对于中国美术史来说，又何尝不是富丽堂皇的一页呢？

说到砖瓦，我们就不能不讲汉代的房屋建筑。中国的建筑发端于原始社会，在远古历史神话传说中就有“构木为巢”的故事。《韩非子·五蠹》有云：“上古之世，人民少而禽兽众，人民不胜禽兽虫蛇，有圣人作，构木为巢，以避群害。”随着原始农业经济的发展，人类开始稳定的生活。土、石、草、木等取之不尽、用之不竭的天然材料，为人类的房屋建筑活动开辟了广阔的前景。经过商、周、秦、汉，房屋建筑技术逐步趋向成熟，形成了中国传统的古建筑工艺主流风格——大木作暨木构架体系。这个不寻常的体系集成绵延，直至今日，我们仍可寻觅到它的历史踪迹。大连地区出土的汉代陶屋从不同的侧面反映了辽东半岛南部地区在汉代时的建筑风格和特点，为今天的人们去研究追溯那时的建筑技术提供了有力的物证。

大连地区所发现的陶屋以屋顶形式来划分主要有两种：两面坡庑顶和卷棚顶。两面坡庑顶建筑主要见于旅顺口区铁山街道的南山里、对庄沟村、刁家村和甘井子区营城子等地的东汉墓葬中所发现的陶屋。两面坡庑顶采用的是悬山式人字构架形式。

旅顺南山里出土陶屋

汉代的建筑通常有抬梁架和穿斗架，大连地区所发现的陶屋以抬梁架为主。抬梁架通常是指用两根立柱支撑大梁，梁上又立瓜柱承次梁，层叠至上一梁上，立脊瓜柱，檩条安于梁的两端。旅顺口区铁山街道对庄沟村出土的彩绘陶屋在建筑形式上就很清楚地表现出抬梁架的结构模式。宽敞的正墙前，于两角矗起立柱，一道短梁贯入墙面。这种建筑形式完全是为了增加居室面积而在屋前增加柱子，形成一回廊的巧作。陶屋的整个建筑模式与北方地区防寒保暖的要求相适应，山墙的下部厚于上部，墙垣外面由下而上向内倾斜，增强了建筑本身的稳定性。这件陶屋虽然已年代久远，但仍可见到柱子和墙面上以红、白颜色交绘的痕迹，整个建筑形式给人以端庄、大气、豪放的美感。这种抬梁架建筑形式是汉代北方地区建筑的主流，它对以后历代建筑技术的发展有着重要的指导意义。

人们还注意到，在每一件陶屋上都有不同程度的装饰或以简单的手法刻画出几何纹饰，或不惜工本予以雕镂。在我国的古建工程上，装修一般多指

旅顺南山里出土陶屋

旅顺对庄沟出土陶屋

牧羊城遗址出土陶屋

用于门、窗等处的小木作工程，有内檐装修和外檐装修之别。对外部门、窗的装修就属于外檐装修；对室内槅、窗的装修就属于内檐装修。而外檐装修又分为金里安装和檐里安装两种。前者安装在金柱之间，用于露廊，后者则安装在檐柱之间。金里安装的要点是使中槛的上皮和檐柱额坊的下皮取平，这样不仅整齐、美观，而且便于变金里安装为檐里安装。旅顺口区铁山街道南山里出土的陶屋从其装饰的位置和表现手法上看当属于檐里安装，屋檐下四方连续的几何雕镂图案，以及两边的飞兀的凸角，与屋顶那精巧的瓦作融为一体，使这件陶屋洋溢出新奇和华丽之感。

建筑中的卷棚顶，主要指在屋架的梁上立两个瓜柱，并列两个脊檩，上

甘井子区营城子出土陶屋

架弧形罗锅椽，两坡相接处呈圆弧形。从大连地区所发现的卷棚顶陶屋中，还可以分出硬山式和悬山式两种。

大连地区出土的汉代陶屋，带有立足者居多，且多种多样，有豆式、立柱式、板瓦式、兽足式等，显而易见，这些都是受自然条件影响的结果。自然条件对建筑的结构、形式和布局均有重大的影响，人类一开始所进行的建筑活动就本着尽可能地适应自然条件这一原则，创造出较为合理的建筑形式。大连地区出土的陶屋，从其构造形式上看多似陶仓，即储存物品的仓库。由于大连地区地处沿海，湿度较大，为了有效地保存物品，人们有意识地将层面抬高，甚至在屋底下形成通透空间，以利于空气的流动。这种建筑形式，可以说是人类与自然和谐共处的一种写实作品。

除了上述陶屋外，我们再来欣赏一件大连地区出土的陶楼。汉代各地的楼阁建筑非常普遍，我们从汉代的画像石、画像砖中经常可以看到楼阁亭阙的形象，在东汉墓葬中出土的陶楼数量亦不少。汉诗中经常有描述女子居于楼上的佳句，如“盈盈楼上女，皎皎当窗牖”（《古诗十九首·青青河畔草》），“日出东南隅，照我秦氏楼”（《陌上桑》），“西北有高楼，上与浮云齐。交疏结绮窗，阿阁三重阶”（《西北有高楼》）等。大连地区出

料。从目前的考古发现看，这些陶俑可分为模制陶俑和抟制陶俑两大类。

模制陶俑，1974年发现于今普兰店区铁西街道花儿山社区，共有三件。一件是女立俑，一件是女跽坐俑，还有一件是陶马的完整头部。

所谓的模制，就是用两块半凹形模子合并成的，其一半为俑的前面，一半为俑的背面。在陶俑出模后，于陶俑的身上涂绘各种颜色。女立俑长衣及地，束腰而立，未露双脚。她面目俊秀，略带微笑，给人以端庄亲切之感。发髻中分，为挽后髻式。女性的那种温柔、雅致、聪明而又美丽的形象被塑造得栩栩如生。

抟制陶俑，是匠人即兴抟土捏制成形，再用刀具加以简单的修饰。抟制陶俑的工艺在整个汉代陶俑雕塑艺术中属于一种特殊类型的体系。在抟制陶俑中，最为典型的一件是旅顺口区三涧堡街道出土的抱婴女俑，所表现的是

旅顺三涧堡出土汉代抱婴女俑

甘井子区营城子出土汉代陶狗

甘井子区营城子出土汉代陶猪

一位家庭妇女过于操劳的瘦弱形象，可以说是对当时生活在社会底层的妇女最真实的反映。在汉代（尤其是在东汉时期），生活在社会底层的妇女，就和“鸡主司晨，犬主吠盗，牛负重载，马涉远路”一样，操劳不息，日夜尽竭，然而却难得温饱，饱受苦难的折磨。抱婴妇者清瘦的面颊上，一双无助的大眼似乎在期盼着什么，喃喃私语的嘴角，又似乎想向人们倾诉自己的艰辛。在同期的抟制陶俑中，更多的是以形为主，没有更多的细部加工，显出粗犷和古拙的神韵。

汉代陶人俑

通览大连地区发现的汉代陶俑，主要是突出整体的神韵和气势，除在局部略有细节的刻画外，整体上还是以简练的雕琢表现出朴素而夸张的艺术效果。可以讲，“夸张”是大连地区抟制陶俑的一个突出特点。汉代艺术工匠们在写实的基础上，大胆采用简朴的夸张手法，从而增强了造型的艺术效果。他们利用简约的轮廓和加长的衣袖、手臂及双腿的夸张动态，塑造出强健的力量的统一体。这种舍繁求简的表现手法，是中国传统美术永恒之美的关键所在，也是中国传统艺术中虚拟手法的代表性范例。用一句话概括，那就是“不着一字，尽得风流”。

其实，这种雕塑风格的形成，主要是汉代艺术工匠们坚持以现实存在为依据，通过艺术上的提炼和概括加上幻想成分进行创作的结果。陶俑的制作者已经充分地认识并刻意追求艺术形象的内在气质和整体美感。为了使所刻画的艺术形象和形式美感更趋于他们思维中理想化的程式，艺术工匠们往往采用舍繁就简的创作方法，抓住所雕塑人物（动物）的基本特点，融会自身的艺术审美追求，运用规范的艺术语言，对人物（动物）的形体结构予以强化夸张表现，通过概括提炼造就形式感较强的艺术形象。大连地区出土的汉代陶俑就采用人物（动物）形象的团块造型。这种团块造型既具有经过规范

汉代陶人俑

普兰店花儿山出土马蹄金

甘井子区营城子出土日光镜

旅顺南山里出土兽耳环节颈壶

普兰店花儿山出土铜贝鹿镇

甘井子区前牧城出土六乳禽兽镜

旅顺南山里出土手斧形铁器

化的形式美，又不失内在的精神表达，表现出传神而张扬的艺术个性。

琅华汉风映辽南，我们从大连地区所发现的汉代遗迹、文物中可以充分地感到，在整个汉代时期，大连地区人口众多，社会经济繁荣。此时，来自中原地区的宗法礼仪观念、丧葬习俗、建筑艺术、美术雕塑等，在大连地区有了更加广泛的传播，并达到了相当高的水平。

除了本篇之前记述的遗迹、

旅顺鲁家村出土提梁壶

甘井子区营城子汉墓出土西汉金质十龙带扣

文物外，大连地区发现的汉代历史文物还有许多精品，诸如反映农业生产的镬、锄、铲、犁铧等工具，以及各种纹饰不一的铜镜、汉代货币、车马具饰品、制作精美的鎏金铜贝鹿镇、含金量高达98%的马蹄金等。尤其是在进入21世纪后，考古工作者在营城子发现的汉代铜鼎、铜印、铜承璇和那些数量颇丰的陶器、陶俑等，都反映了大连地区汉代社会生活的繁荣和历史文化的厚重，表明了当时大连地区和中原地区在政治、经济、文化上的密切关系。

其中，甘井子区营城子汉墓中发现的西汉金质十龙带扣，尤为珍贵。这件带扣由纯金打造，略呈马蹄形，四边用金丝掐线做框，表面凸起。与我们日常使用的腰

旅顺南山里出土斧形铁器

带扣一样，金带扣前端有一个弧形的孔，孔中间装有活动的扣针，用于固定腰带。金带扣采用金珠焊缀制法，并嵌入水滴状绿松石，表面饰有十条龙，一条大龙盘踞中间，九条小龙环绕其周围，龙的脊背处有大小不一的金珠，彰显华贵。

悠悠黄渤海，煌煌辽南地，数不尽风流人物，道不尽兴替云烟。大连著名文化学者李振远先生在他的《大连文化解读》一书中是这样表述的："两汉时期，大连地区与内地在政治、经济、文化上的密切交往，中原地区生产方式、生活方式的普及，中原文化和宗法礼仪的大量传入，都使大连地区的文化发生了十分深刻的变化。""因此，可以说两汉时期是中原文化在大连地区扎下根基的奠基期。这种根基确定了自汉代以来大连地区文化的性质，在此后的几千年间，虽然屡经战乱，但这个根基却一直绵延不绝，生生不息。"

牧羊城遗址出土铜镞

边关万里井相连

记旅顺鸿胪井石刻

BOOK review

『唐鴻臚井碑』

韓樹英　羅哲文　編著（中国語）

紀元713年、唐は鴻臚卿節度使・崔忻を東北地区に派遣して、「震国」の大祚栄氏を冊封した。崔忻はこれを記念して、現在の旅順口にある黄金山の西北の麓に石碑を残した。石碑に刻まれた文字は多くないが、唐と東北の地方政権の関係史について研究する上で極めて高い価値を持つ。20世紀初頭、この石碑は日本海軍によって持ち去られ、現在は日本の皇居に所蔵されている。

本書は上下2巻に分かれており、計32編の論文で構成されている。上巻には中国東北地区の歴史と渤海の歴史を研究した22編の論文を収録。下巻「唐鴻臚井碑の歴史」は石碑自体の研究と考証に関する論文を収録している。編著者の韓樹英氏は、唐鴻臚井碑返還活動が進展することを望むとしている。（人民出版社　2010年4月）

《唐鸿胪井碑》书讯消息

2011年第2期《人民中国》（日文）杂志上刊发了这样一条书讯：韩树英、罗哲文编著的《唐鸿胪井碑》一书，由人民出版社在2010年4月出版。文中称："713年，唐王朝派遣鸿胪卿崔忻前往东北，册封'震国'的大祚荣。崔忻为纪念这次活动，在今天旅顺口的黄金山西北麓刻一石碑，石碑上的文字对研究唐王朝与东北地方政权的关系史具有极高的价值。这块石碑在20世纪初叶，被日本海军劫走，现收藏在日本皇宫内。《唐鸿胪井碑》一书分上下2卷，由32篇论文构成。上卷收录研究中国东北地区及渤海国历史的文章22篇，下卷收录考证鸿胪井石碑历史的相关论文。本书的编著者韩树英希望通过本书，能够进一步推动鸿胪井石碑归还活动的开展。"

查《旧唐书·渤海靺鞨传》，有这样的记载："睿宗先天二年，遣郎将崔忻往册拜祚荣为左骁卫员外大将军、渤海郡王，仍以其所统为忽汗州，加授忽汗州都督。"而《新唐书》中亦记载有此事，只是时间上未确指"先天二年"，而是说"先天中"。唐"先天"年号是睿宗李旦退位为太上皇，与玄宗李隆基交替执政时使用的年号，前后只用了两个年头，即712年八月至713年十一月。被后人传称为旅顺"金井"的石碑石刻内容是由29个字组成的——"敕持节宣劳靺羯使鸿胪卿崔忻井两口永为记验开元二年五月十八日"。这里不论是古史典籍，还是历史遗迹，所记述的均为同一件事，即在713年至714年，唐朝政府曾派遣使者赴东北向靺鞨（羯）人进行"宣劳"活动。

隋唐之际，随着中原战乱的结束，国家重新归于统一。为了巩固政权，统治者推行发展生产、固边安民的政策，各族人民生活于稳定的社会环境中，互相融合，携手进入和平发展的时期。这一时期又是东北地区各少数民族社会发展的一个重要时期。在中华民族进入大交往、大融合、大发展的历史时期，生息于东北地区的各少数民族也不可避免地发生了不同程度

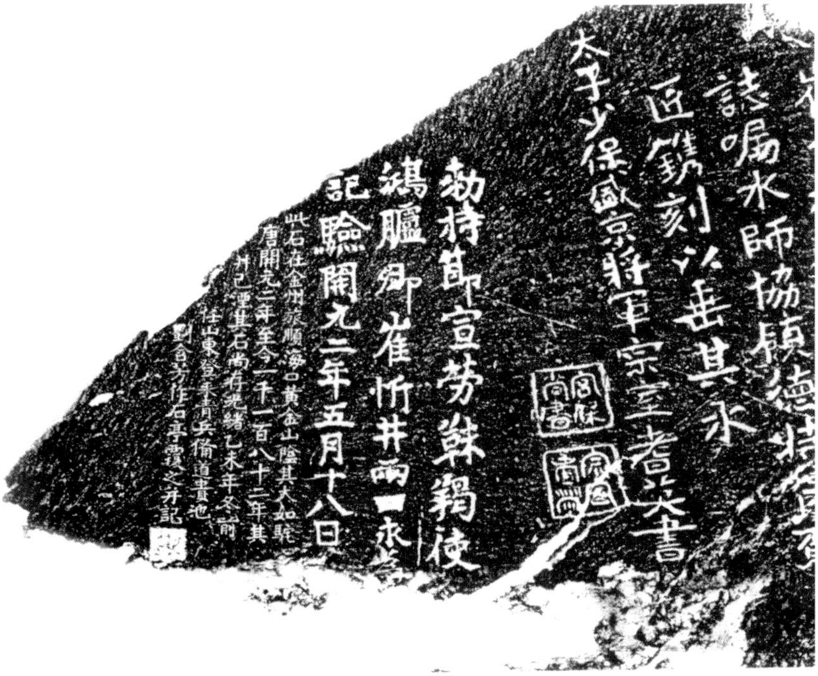

唐鸿胪井碑拓片（日方提供）

的变革。他们或结束自身的分裂，归于统一；或相互融合，重新形成新的更为强大的群体；或内讧不断，走向分裂，日趋没落，直至消亡。靺鞨族就是在这种历史潮流的推动下，得到了发展和壮大。

靺鞨族是古代东北地区的少数民族之一，“靺鞨”这一称谓，始见史籍《北齐书》所载。“靺鞨”的含义，今人解释多有不同，但是达成共识的大概有三点：一指物产，说靺鞨之地盛产宝石，所以为宝石之意；二指装束，即皮帽子；三指居住，说当时生活在东北的勿吉人又名“靺鞨”，“勿吉”就是“窝集”的转音，满语是森林之意。目前研究东北地区古代民族史的多数著作，把肃慎、挹娄、勿吉、靺鞨作为上下传承关系，归为同一族系。史籍的记载告诉我们，南北朝时，靺鞨又被称为勿吉。隋至唐朝前期，靺鞨人继续栖息于东北的白山黑水之间。在其众多的部落中，有据可考的有几十个，以七大部落最为有名，构成了靺鞨族的主体。按《隋书·靺鞨传》等典籍记载，它们分别是粟末部落、伯咄部落、安车骨部落、拂涅部落、号室部落、黑水部落、白山部落。其中尤以粟末部落势力最大，活动区域约在今日吉林省的安图、敦化、蛟河、桦甸、吉林等市县境内。因为这些地区受汉文化影响较大，发展亦较快。

隋至唐初时，靺鞨诸部虽依然是“邑落俱有酋长，不相总一”，但酋长的地位不断提高和巩固，已走完了由父权制向世袭制过渡的历程，开始了“父子相袭，世为君长”的时期。此时，男子普遍成为部落的骨干，在家庭和部落中的主导地位得到确立。由夫妻关系组成的家庭已全面建立起来，妻子成为丈夫的附庸，地位与男人相比存在着明显的差异。《隋书·靺鞨传》中有这样的描述，说在部落内，男人穿的是皮衣，女人则穿布衣，一旦“其妻外淫，人告夫者”，“夫则杀妻，杀而后悔，必杀告者，由是奸淫之事终不发扬”。这种重男轻女的观念行为，自然是因为男子在生产劳动和社会斗争中的地位及作用所形成的。而随着财富积累的多寡不同，阶级分化此时已经很明显了，出现了拥有众多家仆的酋长、饲养家猪等禽畜类甚丰的富者，这些都标志着靺鞨人已经进入了阶级社会。

从史籍的记载中可知，至南北朝时期，靺鞨人的社会生产活动仍是以畜牧和渔猎生产为主，农业生产为辅。所获得的物品，首先满足家庭的自给，其次再用于社会的交换。在畜牧业生产中，以养猪为主。据考，靺鞨人的养猪业在东北各民族中居领先地位，相当普遍。渔猎业在靺鞨人的日常生活中也占有很重要的地位。由于资源丰富，虽然渔猎生产手段异常简单，但仍不失为获取经济来源的重要途径。特殊的环境，使得“人皆射猎为业”，其工具以传统的楛矢石砮为主。捕获的猎物，大部分留作自用，少量的珍禽异兽被用于交换，或作为贡品献给中原王朝。靺鞨人的农业生产非常原始，靠人力“相与耦耕”，尚未掌握牛耕技术，仅能种植粟、麦等生长期较短的作物，这些谷物除了食用以外，也用于酿酒。据称，靺鞨人已掌握了“嚼米为酒”的酿造技术，所酿之酒具有一定的醇度，令人“饮之亦醉”。

688年，唐朝大军剿灭东北地区的高句丽地方政权，一些曾受高句丽役使、钳制的部落开始解脱出来。唐朝灭高句丽后，为了防止其东山再起，也为了充实内地荒疏空闲之地人口，将其大小官吏及强壮人口3.83万户迁往内地。在这一历史机遇下，上千户的粟末靺鞨人在其首领大祚荣的率领下，内徙移居辽西地区，被朝廷安置在营州柳城周围。粟末靺鞨人在营州经过近30年的努力发展，渐渐成熟起来，在向汉人学习的过程中，获得了许多社会管理经验。因此说，粟末靺鞨人内徙营州，在其发展史上具有划时代的意义，跨出了历史性的关键一步，使其崛起的势头愈发不可阻挡。

金州大黑山出土的高句丽八瓣莲花纹瓦当

696年，盘踞于营州地区的契丹上层分子发动了反抗唐朝地方官吏暴政的斗争，引起了辽西地区动乱。移居营州一带的粟末靺鞨人在大祚荣及其父亲乞乞仲象的率领下，举部东归，渡过辽水回到牡丹江流域的靺鞨故地。《新唐书》载，他们以“保太白山之东北，阻奥娄河，树壁自固”开始割据。尽管唐朝统治者不愿意看到这种局面的出现，但又不得不面对现实，对靺鞨首领实行封赏招安，封大祚荣之父乞乞仲象为震国公，并赦免其罪，欲使靺鞨众部平息下来。

698年，大祚荣率靺鞨众部及高句丽的遗民在今吉林敦化市西南12.5公里处的城山子一带安定下来，根据唐朝政府为他父亲所加封的震国公的封号，宣布建立震国，自称震国王，以表示愿意承认与唐王朝政权的隶属关系。

705年，唐中宗李显复位，因忙于应付武则天留下来的乱摊子，对远离京城的边疆事务，自感力不从心，所以对大祚荣率领靺鞨人称王建政一事，继续推行招抚政策，派侍御史张行岌前往慰安。大祚荣为了早日消除来自朝廷的压力，保住既得利益，也欣然接受了李显的招抚，停止与朝廷的对立抗衡。他遣送其子大门艺随张行岌入朝为侍，留作人质，宿卫京师，换取朝廷的信赖和承认。

710年，唐睿宗李旦即位后，东突厥遣使入朝，请求和亲，言归旧好，

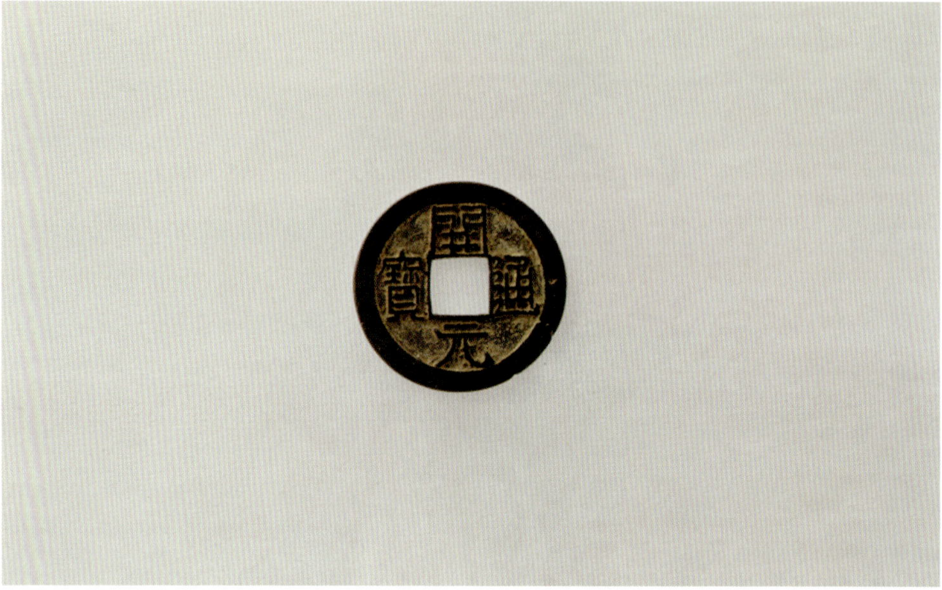

唐代开元通宝

唐代八菱花鸟镜

表示愿继续臣服于唐朝。而依附于突厥的契丹势力因失去外援，更显虚弱，无力继续与朝廷抗衡，从而使朝廷与靺鞨相联系的通道洞开，得以畅行无阻。713年（先天二年），李旦离位，把皇权交给玄宗李隆基（改年号为“开元”），从而使唐朝进入“开元盛世”的阶段，对边疆的管辖治理也随之加强。

李隆基登基之后，便将励精图治的举措推向东北地区，于713年特遣郎将崔忻摄鸿胪卿，充任敕持节宣劳靺鞨使，前往靺鞨故地，册封大祚荣为左骁卫员外大将军、渤海郡王，并以大祚荣所领地域为忽汗州，加授大祚荣为忽汗州都督。自此，大祚荣不再继续称其所建立的政权为震国，同时又去掉了靺鞨之号，专称“渤海”，为渤海（郡）国。此时的渤海（郡）国在名实之间，仅是唐朝管辖下的一个州。大祚荣既是唐朝所封的郡王，又是唐朝所任命的都督，在渤海境内他是最高的统治者，而在唐朝全国范围内，他仅仅是一名替代朝廷管理本部的官吏。762年，唐代宗李豫“诏以渤海为国”，晋封大祚荣的后人大钦茂为渤海国王，达到册授封爵的顶峰。

史籍有记，大祚荣死后，渤海（郡）国曾立即遣使者入朝告哀。唐玄宗李隆基即刻颁诏，以示隆重哀悼，表彰其历史功绩，并赐绢帛五百匹以助丧葬之用。同时又派左监门率上柱国吴思谦摄鸿胪卿持节充使，前往渤海吊祭，再次证明渤海与唐同体一家的密切关系。大祚荣的历史功绩，就在于使靺鞨人组织了起来，由诸部落分立进入到国家统治时期，为靺鞨人的发展以及对东北地区的开发，开创了一个崭新的时代。同时，由于大祚荣接受唐朝政府的册封，积极遣使入唐朝贡，从而奠定了渤海与唐朝密不可分的隶属关系，确保了唐朝疆域的完整与繁荣发展。

那么，在713年，郎将鸿胪卿崔忻一行是怎样到达靺鞨故地的呢？有史学家认为，713年，崔忻从首都长安出发，一直向东，经山东半岛的登州（今烟台蓬莱），渡海至辽东半岛南端，于黄金山下的旅顺口登岸，继而陆行至鸭绿江口，换乘舟楫溯江而上，到达吉林临江，又经抚松、桦甸、吉林、敦化等地，最后到达了今吉林省延吉市附近的城子山山城，即震国王都所在。

翌年（714年）的春夏之交，崔忻一行按原路返回长安，途经旅顺黄金山时，对此行感慨良多，所以命工匠凿水井两口，以纪念此次册封活动。凿井后，便在井旁的巨石上留下了前面所述的29个字。这29个字不仅仅表述了一段珍贵的历史，更因为它是中央政权与东北边陲靺鞨族友好往来的信物，而成为研究唐史、东北地方史、渤海国史、靺鞨族史和大连地方史的珍贵文物资料。鸿胪井石刻也因此成为东北地区继毌丘俭纪功碑、好太王碑之后又一著名的历史石刻。

当然，今天的人们对崔忻凿井的时间、井的数量及为何凿井作为纪念之物，仍有许多猜测，但不能否认的是在旅顺黄金山有唐代古井石刻这样一个事实。关于碑文文字，清代学者杨伯馨在《沈故》一书中说："其字结体颇似柳城石刻。"也有学者认为，也许是因为当时的中国书法是登科考试的条件之一吧，位居高官的人一般都很擅长书法。这块碑上的书法亦具有相当高的造诣，温雅典丽，尽显唐代的书法风貌。

后人因黄金山的读音演绎，把崔忻在黄金山开凿的水井称为"金井"，将水井石刻称为"唐鸿胪井碑"。但从文物学上讲，这实在是一错误的定名。碑一般是由碑座、碑体、碑额三部分组成，而旅顺黄金山下的这块石头，既无碑座，又无碑额，只是将文字刻在一块大如驼的自然形石上，所以科学的定名应当是"鸿胪井石刻"。

唐鸿胪井碑及碑亭原址

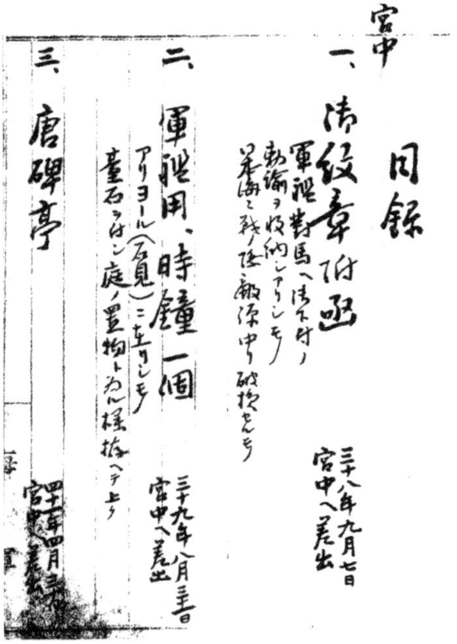

日本明治三十七、三十八年战役战利品目录一

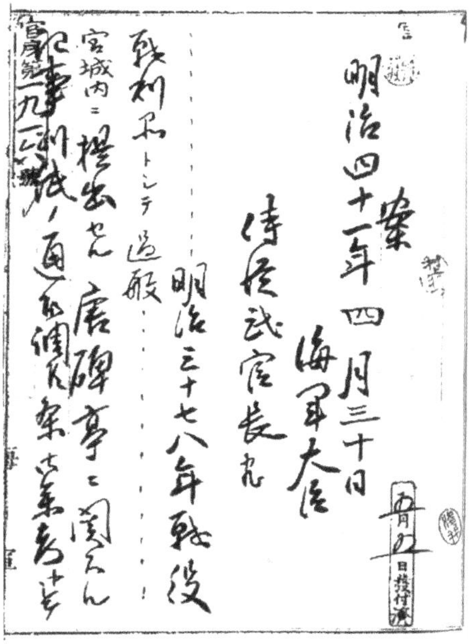

日本明治三十七、三十八年战役战利品目录二

在鸿胪井石刻诞生后的千余年中，亦曾有达官贵人在巡至旅顺时，观风景，访古迹，亲临黄金山鸿胪井旁，俯鉴奇石而留下观感。据称在原石刻之左右，有后人题记铭文五处，时间从明嘉靖年间至清光绪年间不一。1895年冬，山东登莱青兵备道刘含芳随宋庆收复旅顺来到此地，见到唐人铭刻后，就在其旁添刻五行小字：“此石在金州旅顺海口黄金山阴，其大如驼。唐开元二年至今一千一百八十二年，其井已湮，其石尚存。光绪乙未冬，前任山东登莱青兵备道贵池刘含芳作石亭覆之并记。”刘含芳所提到的石亭于次年8月完工，正面桁上刻有“唐碑亭”三个楷书字额。石亭除顶盖外，用料为花岗岩石，柱心间距为260厘米，四角所立之柱呈方形，边宽30厘米。柱的上部嵌接着断面为长方形的桁和梁，桁和梁的末端形成挑斗拱。亭顶显得很重，固于石刻所在的巨石中间立一八角柱，以分担亭顶的重量。“石亭外观颇有沉重感，不能说巨大，但给人以雄浑感，石亭对刻石来说是恰到好处的建筑。”这是日本学者的评述。

鸿胪井石刻虽仅有短短的29个字，但其意义非同一般。它是现存涉及渤海国历史最早、最具特点的一件历史文物，同时还证明，唐代的旅顺已成为中央政权联结东北的一个重要交通枢纽。因此，它也就成为后来霸占旅顺的日本人所惦记的对象。日俄战争结束后不久，日本学者内藤湖南受日本海军省的委托，专程来旅顺考察这一石刻，经过调查、考证，明确了鸿胪井石刻的史料价值。日本海军省随即将鸿胪井石刻和所覆的石亭一并盗往日本，以所谓“日俄战争胜利品”的名义献给天皇。目前，这块铭刻中国唐代重要史实的石刻就收藏在日本皇宫内“建安府”的前庭。或许因为旅顺黄金山下的这块唐鸿胪井石刻盛名远传，做贼心虚的日本人就来了个掩耳盗铃、欲盖弥彰的把戏。1911年，已离任的日本海军镇守府长官富冈定恭在原石刻所处的位置上又立一碑，在碑的阳面阴刻“鸿胪井之遗迹”，碑阴处刻有“唐开元二年，鸿胪卿崔忻奉朝命，使北靺鞨。过途旅顺，凿井两口，以为记验。唐开元二年距今实一千三百有余年，余莅任于此地，亲考查崔公事迹，恐湮灭其遗迹，树石刻字，以传后世尔云。大日本明治四十四年十二月，海军中将从三位勋一等功四级男爵富冈定恭志”。他通篇没有记述原唐代石刻的去处，反倒以弘扬史迹的“功臣”自居，自我颂扬了一番，真是令人作呕。

今天，岁月的痕迹湮没了唐时的古井，鸿胪井石刻遭盗劫远离故土也已

现藏日本皇宫的唐鸿胪井碑

鸿胪井遗迹碑

有百余年了，但丝毫没有抹去人们深深的思念。更有有识之士组成了唐鸿胪井碑研究会，为促使日本政府归还唐代鸿胪井石刻而奔走呼号。《唐鸿胪井碑》的主要编著人韩树英先生就是推动唐鸿胪井石刻归还活动的首倡者。他是土生土长的大连人，对家乡的土地，对家乡的一草一木，都怀有深深的感情。他在书的序章中说：“我们这代大连人就是在这种有力的情结传承影响下，去探寻金井唐碑的真实历史的。”“说到这里，就应该回头倾听并真实对外反映我国人民合情合理的呼唤唐碑回归的声浪。”我们坚信，经过中日双方民间和政府的努力，唐鸿胪井石刻和罩亭的回归一定能够实现。

壮士拂剑仰天啸

明末旅顺争夺战与显忠祠碑记

大连地区自战国时代进入燕国行政区划后，其位置的重要性逐渐显现出来。秦汉以来的2000余年，这里成为我国北方海上交通要道和海防战略要地。尤其是旅顺，三面环海，港汊众多，海上交通极为方便，与山东半岛的联系尤为紧密，备受中央政权的关注。

从史籍的记述中，我们可看到旅顺地域名称的变化。汉代之前，人们称今天的老铁山为“乌石山”，称山下的港湾为“乌石津”；“乌石津”之后在传承中演变为“马石津”，这一名称盛于魏晋，消失于隋代初年。隋唐时，这里已成为地方割据政权经营辽东的重要口岸。因中央政权数次出兵征讨东北少数民族地方割据政权高句丽，旅顺海上交通枢纽作用愈显突出。这时地名亦由“马石津”改称“都里镇”，港口称为“都里海口”。到了辽、金时期，人们又根据旅顺港口如雄狮踞滩的险要地势，改“都里镇”为“狮子口”。

1368年，朱元璋建都南京，全国上下逐步地从元末分崩离析的局面中走向统一和强大。但盘踞在辽东地区的元朝残余势力仍负隅顽抗，迫使朱元璋采取讨抚并用的手段收复辽东地区。1371年2月，在得利嬴城设置辽东卫指挥使司，“固保辽民，以屏卫疆圉”。辽东卫是明朝政府在东北地区建立的第一个卫所。同年7月，为进一步加强和巩固对辽东的控制，朱元璋又设定辽都卫指挥使司，治所位于金州（后迁辽阳），任命叶旺、马云为都指挥使。

得利嬴城城墙

叶旺、马云均是安徽人，早年曾跟随朱元璋征战疆场，建勋功于马背，“授指挥佥事”。二人率大军自山东登州蓬莱登船，沿蓬莱海道（蓬莱至旅顺的渤海海道）扬帆挺进。明军登陆狮子口后，为了纪念旅途的平顺，叶旺、马云遂将“狮子口”易名“旅顺口”，从此，“旅顺”一名沿用至今。

辽东都指挥使司经历司之印

明军占据旅顺后，“树木为栅”，建成了旅顺北城。1412年，又将北城修葺改建为砖城。同时，在距北城不远处再建南城一座。北城为明时驻守旅顺地区的军事机构所在地，南城则是朝廷设于旅顺的海运分司机构所在地。此时，整个辽东地区所用的军需、饷银、布帛等均由海路运至旅顺储存，然后再调转运往各地。一时间，辽东、山东两地海船往来如梭。据说，旅顺元宝坊的地名就是此时所起而流传至今。1416年，明朝政府又在旅顺增设“城堡墩架二十台”“官军一百十二员名”，以加强海防，抵御倭寇的骚扰。旅顺的南北二城及城堡墩架作为御倭前哨，成为进可攻、退可守的坚固基地。明朝辽东政策的实施，有力地推动了大连地区乃至整个东北地区社会经济和文化的发展，促进了东北地区与中原地区的广泛联系，对巩固国家的统一也起到了积极的作用。

到了明代末期，因朝政腐败，阶级矛盾和民族矛盾日益激化，社会动荡随之加剧。而东北自古以来就是多民族聚居的地区，此时的女真人在首领努尔哈赤的统率下再度崛起，对明朝在东北地区的统治造成了严重威胁。

女真是东北地区的一个古老民族，其族源可上溯到先秦时期的肃慎，两汉时期的挹娄，南北朝时期的勿吉，隋唐时期的靺鞨。前文所言及的渤海国，就是其祖先建立的。女真兴于辽代，壮大于金代。明代时，女真分为三部分，即建州女真、海西女真、野人女真。建州女真是今天满族的直系祖先，它的杰出统帅当属努尔哈赤。努尔哈赤生于1559年（明嘉靖三十八年）。他于1583年以十三副遗甲起兵，开始了统一建州女真各部的事业，秣马厉兵，历时五年的征战，把分散对立的建州女真各部落势力统一起来，成为女真民族中最强大的势力。至1619年，努尔哈赤基本上完成了统一女真各部落的大业，结束了女真人长期分裂割据、动荡不安的局面。在统一女真各部落的过程中，努尔哈赤为了加强统治，逐步地弃旧立新，建立各种制度和机构，在政治、经济、军事与文化等方面采取诸多改革措施，将已经建立的新型部落联盟又向前推进了一步，形成了初具规模的国家体制。1616年，努

金州正白旗满洲防御铜印

旅顺三涧堡石灰窑子出土明代白釉盘

旅顺铁山鸦户嘴东泥场出土明代青釉小壶

努尔哈赤像

尔哈赤正式称汗建国，国号“金”，史称“后金”。后金政权的建立，表明以努尔哈赤为首的女真统治集团已与明廷分庭抗礼，并显示出欲取而代之的雄心。

建州女真势力大增，明朝政权如芒在背。1602年，明廷决定在旅顺地区增设水军，修造战船，以备不测之患。在旅顺水军尚未建成之前，由山东一名游击率领水军千余人长期镇守旅顺，控制海上通道，对来往船只严加管理。1606年，明廷又决定裁撤旅顺游击，改设守备官，并挑选身体健壮、谙识水性者500人，驻守旅顺海口。1620年，明廷鉴于东北边陲形势的变化，为外卫金州、复州，内护登州、莱州，再从辽阳等地抽调2700余名水军，从浙、直一带调集步兵近万名，驻防旅顺及沿海诸岛。

1621年，努尔哈赤率领后金大军先后攻破辽阳、沈阳。为了维持对关外的统治，明廷采纳兵部侍郎熊廷弼“三方布置策”的建议，实行海陆联防。所谓的“三方布置策”，就是派精干之大员驻守山海关，以此来统领广宁（控制辽西）、天津（拱卫津京）、登莱（驻守山东北部沿海）三方，在战略上做步兵、骑兵、水师的整体防御。三地防御各有侧重，做到以广宁（北镇、辽西）一带为中心，集结步兵、骑兵阻止敌军的进犯；在天津和登莱港口，配置舰船水兵控制黄海、渤海北岸，进而从侧背牵制敌军，水陆配合，反击后金军队，收复关外失地。在这个军事防御体系中，能够联结渤海湾中登莱一线至天津的中枢点就是旅顺。旅顺的战略位置，决定它将要起到的作用就是：南接登莱，西卫京津，东联朝鲜，北防后金南下。对于明廷而言，守卫旅顺，似乎直接关系到朝廷的兴衰存亡；对于后金来说，旅顺的得失，将直接决定后金政权能否在辽东站稳脚跟，进而挥师向西，问鼎中原。旅顺，不可避免地成为明军与后金部队厮杀的重要战场。

从1621年始，明军以金州、旅顺为据点，后金以辽阳为基地，双方频繁接触，厮杀激战。史籍《东江遗事》和《旅大文献征存》中，对1621年8月以后旅顺激战的大致经过有所记述。

发现于旅顺地区的明代铁炮

1621年3月，努尔哈赤率军攻陷沈阳，数日后又下辽阳、海城、盖州，战事逼近金州、旅顺。此时，金旅一线的军民在明军东江总兵毛文龙的指挥下，顽强抵抗后金军队。毛文龙，浙江杭州人，自幼家境贫寒，被长年寄养在舅舅家中，他不善儒学，喜好兵法。青年时曾豪言“不封侯，不罢休”。30岁时，闻边疆吃紧，遂潜入燕北，寻求机会。后得到辽东巡抚王化贞的赏识，认为其“奇才也，慷慨多大略，且究心时事久矣，试与之一旅，必能为国效力，成功名”。毛文龙感泣叩头，力断身上革带，发誓道：“所不矢死以报国者，有如此带。”1621年，毛文龙退守旅顺后亲率军丁197人，渡海入据皮岛。7月，毛文龙攻克后金占领下的镇江城（今丹东），擒获明朝叛将佟养真父子，一举收复辽东半岛数百里，从而使镇江与登津之间的海上交通连成一线。努尔哈赤因战局的变化，感到毛文龙所部已威胁到后金的侧翼，不可等闲视之，便发兵急攻金州、旅顺，迫使毛文龙退出镇江城。随后，毛文龙率部撤往鸭绿江口近海的皮岛，召集辽民屯兵开垦，作为反抗后金、恢复失地的根据地。1623年9月，毛文龙派麾下张盘带兵夜登金州海岸，

明朝大军发兵旅顺

经哨探，知“金州城内建州兵止五六百，遂率岛兵以及老幼辽民助张声势，昼伏夜行，齐至金州南城门下，举火，军声震天。建州兵惊溃，出北门遁去”（《明史纪事本末补遗》）。10月，张盘侦知驻复州后金兵丁“淫掠弛备”，遂出奇兵，夜半偷袭进入复州，后金兵慌忙逃遁。

1624年春，后金军队再攻旅顺，守将张盘率部奋力抵抗。后金无奈之下派出使者，欲施计招降，却为张盘所斩。后金军队围城不退，张盘则巧设妙计，率部在旅顺设伏于两山之间，重创后金军，使后金军大败而去。

1625年，努尔哈赤闻知明廷遣兵甚众，由海上至旅顺“葺城驻兵”，感到这已对其构成严重军事威胁，乃于正月十四日命其子莽古尔泰领兵6000人，猛攻旅顺。这次后金军来势凶猛，经过激烈的战斗，攻占了旅顺。后金军占领旅顺后，因慑于毛文龙据守皮岛，随时可以向其侧翼发起攻击，故未

发现于旅顺海域的明代铜火铳

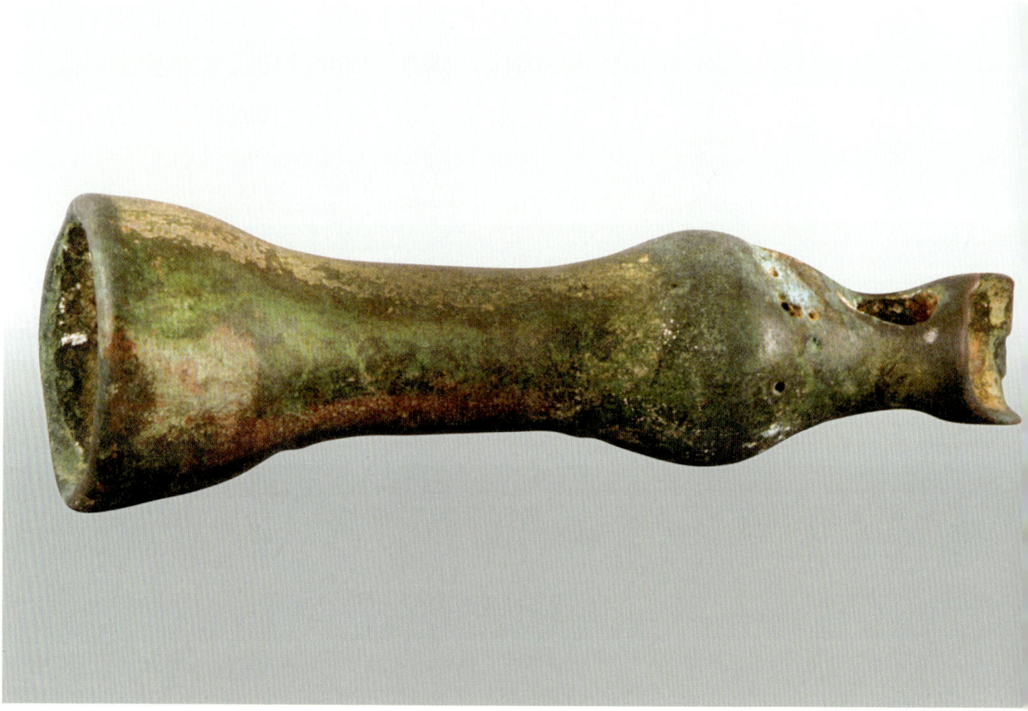

发现于旅顺海域的明代铜火铳

发现于旅顺水师营的明代瓷器

发现于旅顺水师营的明代瓷器

敢久留，在掠夺财物、摧毁城垣后便退兵了。在毛文龙的统率下，辽东沿海诸岛逐步连为一线，统称东江防线，对后金政权起到牵制和威慑的作用。明廷对毛文龙的战功颇为赞赏，称他“浑身是胆，满腹皆兵”，“好大将才”，并不断给予奖赏。明熹宗朱由校甚至在派遣内官监太监王敏政、御马监太监胡良辅前往朝鲜册封国王时，还不忘特命他们转道前往皮岛，赏赐毛文龙银两和蟒袍衣衫。

明代天妃庙碑

毛文龙虽在牵制后金的征战中功不可没，但他随着官职晋升而逐渐骄横起来，并卷入明廷内部的派系纷争中。据传后金皇太极巧设借刀杀人之计，终于酿成袁崇焕枉杀毛文龙事件。

1629年7月24日，明兵部尚书袁崇焕以谈军、阅兵为名，邀毛文龙到旅顺双岛一古庙中，当众宣布毛文龙十二条当斩之罪，随后取尚方剑交给旗牌官张国炳，将毛文龙杀于帐前。

发现于旅顺水师营的明代瓷器

毛文龙被杀后，东江防线日益不稳，加快了毛部旧将的分裂，为后金皇太极分化皮岛守将、强攻皮岛打开了方便之门。1630年，袁崇焕因受小人谗言，自己亦遭枉杀。在行刑前，袁崇焕仰天长叹，留下感慨之言：“一生事业总成空，半世功名在梦中。死后不愁无勇将，忠魂依旧守辽东。”

毛文龙被杀，导致皮岛守将内讧。明廷任命旅顺原守将黄龙代任总兵，方使皮岛一线军心趋于稳定。

黄龙，江西南昌人（一说为辽东人）。据说其身材魁梧，武勇多智，青年时与友人结伴投军，在袁崇焕麾下充任小校。1627年，后金皇太极亲率大军攻打辽西，与明军展开拉锯战。在

位于东港市大鹿岛的毛文龙碑亭

袁崇焕旅顺斩杀毛文龙处

锦州战役中，黄龙奋勇作战，立下赫赫战功，被擢升为参将，1630年升为副总兵。他就任驻皮岛总兵后，一面坚决抗击后金，一面果断铲除内部叛将。

1632年春，明军将领孔有德、耿仲明在山东叛乱，攻陷登州，祸及旅顺及黄海、渤海诸岛。叛将高成友占据旅顺，黄龙派兵击败高成友，随后率部移驻旅顺，整肃军纪，加强防守，打通了一度被叛军切断的旅顺与天津之间的联系。1632年，孔有德、耿仲明在山东登州抓到黄龙的老母和幼子，逼迫黄龙的老母交出发簪来威胁黄龙，令其就范。黄龙见到老母的发簪，强忍悲愤，拜簪而不从，慷慨而讲："大丈夫忠孝不能两全，无国焉有家为。"一计不成，叛军又生一计，摆设酒席对黄龙的老母和幼子进行威胁诱降。黄

袁崇焕墓

龙的幼子虽年仅12岁，却即席大骂，“被杀头落几上”，黄龙的老母也惨遭杀戮。

1633年春，孔有德、耿仲明在明军围追堵截下，被迫率众乘船离开山东，企图北上投靠后金。黄龙探得消息后，严阵以待，遣水师于海上截击，生擒叛军骨干16人，杀敌逾千人。孔有德、耿仲明被黄龙击败后，改走鸭绿江，投降皇太极。

同年夏季，黄龙探知孔、耿的“舟师”频频活动于鸭绿江口，即派副总兵沈世魁率兵直奔鸭绿江口，烧毁叛军的船只。孔、耿屡屡受挫于黄龙，实为不快，当得知此时“旅顺兵尽出”，城内空虚时，便献计于皇太极，引领后金马步兵万余人杀向旅顺。面对强敌，黄龙身先士卒，与将士们一道浴血奋战。然而终因兵力悬殊，明军“火药矢石俱尽”，难以支撑。黄龙知道旅顺失守已成定局，便派部将谭应华携总兵官印跨海去登州。他叮嘱说：“汝速持吾印送往登州，如遇阻不能达，即将投诸海中可也。”并亲书“生前不爱七尺躯，死后唯有三尺剑”赠予谭应华。与敌厮杀中，众部将皆战死，黄龙也自刎身亡。

黄龙等人为保卫旅顺忠勇献身的消息传入京城，崇祯皇帝谕旨，赐赠黄龙为左都督，并建“显忠祠”祭祀。

清朝入主北京后，乾隆皇帝为了巩固和加强对统一的多民族国家的统治，大力倡导忠君爱国。1776年，乾隆亲颁谕旨，赐谥战殁于旅顺黄金山麓的明朝故将，并为之建祠。然岁月流逝，年久祠湮，黄龙等人的墓垄也渐消平。1887年，清兵备道道员刘含芳驻守旅顺期间，在金州知县乔有年的指引下，找到黄龙等人的墓所。翌年，于三官庙西建祠。1893年，再为黄龙等人勒石刻字立碑。碑额阴刻楷书，铭曰“显忠祠碑记”。碑文如下：

前明崇祯六年癸酉七月十四日，我朝以兵取旅顺，明故岛帅黄公龙，部将李公惟鸾、尚公可义、项公祚临、张公大禄、樊公化龙均战殁于黄金山麓。乾隆四十一年，特诏予谥黄公“忠烈”、李公“烈愍”，建祠旅顺，尚、项、张、樊诸公咸附祀焉，旌其祠曰“显忠”。光绪八年壬午，含芳奉钦差大臣督办北洋海军、太子太傅、文华殿大学士、直隶总督部堂、一等肃毅伯李，委驻旅顺办理海防，寻其故迹，而岁久祠湮。丁亥年春，金州绅士知县乔君有年，指寻诸忠墓所，因合同人，封土勒碑。每岁清明日，以牲牢

显忠祠碑

祭于墓道，而祠宇缺然。戊子仲夏，含芳捐廉于三官庙西，建祠一楹。每岁七月十四日，同人虔备牲牢，为之祠祭，以彰忠荩，而永皇仁。是为记。

光绪十九年岁次癸巳仲夏月谷旦，钦命二品衔调任山东登莱青兵备道，军功随带加二级，纪录二次，贵池刘含芳敬识。桐城张诒书丹。

因后人一直未见“显忠祠”的真面目，故史学家认为是甲午战争后，日本侵略者在占领旅顺期间将其毁弃。虽经历劫难，“显忠祠碑”有幸得以入藏旅顺博物馆。然近来又有学者从《清稗类钞》中寻出蛛丝马迹，提出疑义。

《清稗类钞》由清末民初徐珂编撰，汇集民间野史和当时新闻报刊中关于清一代的朝野逸闻，以及社会、经济、学术、文化事迹等。时间上起顺治，下迄宣统，分门别类，按事情的性质、年代先后，以事类从，共设92类，含1.3万余条史实内容。记载相当完备，对研究清代历史有着重要的参考价值。在该书中，对“显忠祠碑”的记述是这样的：

盛京金州旅顺岛，有显忠祠焉。乾隆中，诏建以祀明季死事诸臣黄龙、李惟鸾等者也。越百余年，为光绪乙酉，吴武壮公长庆之部将提督黄仕林（江西人）、总兵张光前（字仲明，安徽庐江人）分统庆军六营，戍守其地。庚寅六月，聿新祠宇，以崇祀事，朱曼君孝廉时为张军记室，为撰显忠祠碑文，遒壮凄婉，措辞得体，兹节录之。

碑文云：“迨夫飞龙战野，其血玄黄，月灵在东，厥魄生死，一则士崩瓦解，一则东征西怨。亦有歎歎介士，斤斤将军，雍丘轨于李由，巨鹿陨于苏角。田横之客，尽于海岛之中；栾氏之臣，歼于短垣之下。直节动天地，英声激河海。故以勒感孝之颂，齐永平之元年；树比干之碑，魏太和之甲岁。上以追扬忠孝，下以显融臣轨。何有吠尧之犬，与刑天同诛；逐日之父，与后羿共殛；京观十仞，不别于贞诐；燎火一原，莫区于兰艾者哉！显忠祠者，祀皇赠左都督故明登州镇总兵官辽东黄龙，及游击李惟鸾，部将项祚临、樊化龙、张大禄、尚可义（乃平南王尚可喜同族昆弟）。在今盛京金州旅顺之岛。天聪七年六月己卯，命贝勒岳托、德格类率右翼洽格里、左翼伊尔登、昂阿喇及石廷柱、孔有德、耿仲明等甲卒万人，取明旅顺，遂以翼月甲辰攻下其地，实明崇祯六年七月也。龙既伏剑，鸾亦陨首，一军如墨，阖门同尽，皇情载轸，庙恤有加。都督之官，仍沿明号。乾隆四十三年其月庚戌，有诏谕大学士九卿等，明代殉难诸臣三千六百余人，专谥通谥，及应列入忠义祠之议。于是龙谥忠烈，惟鸾谥烈愍，其余四人并从祠祀，颁勒祠额，题曰‘显忠’。故夫君子闻磬，则思死封疆之臣；王者式蛙，所以厉勇士之节。虽复刻木为信，遗像微茫，入庙瞻逵，精灵绵邈，要使鲁人结慕于展惠，秦士凝痛于子车”云云。

读罢上述两篇碑文，会让我们产生许多疑问：其一，究竟是乾隆四十一年（1776年）还是四十三年（1778年）赐诏谥“显忠”？其二，光绪乙酉年（1885年），黄仕林、张光前是否真的建有新祠，其位置为何处？其三，黄、张二人是否真的为黄龙等人勒石立碑，为何直至今日不见其碑？其四，为何刘含芳所记述的文字中一字不提此前曾有“显忠祠”及“显忠祠碑”？这些疑问，就留待大家一同去寻觅探究吧。

“昔时人已没，今日水犹寒。”壮士拂剑仰天啸，一腔热血荐轩辕。大连名士王永江曾作《黄龙墓》一首，或许正是后人凭吊英雄、以旌其忠的真实写照：

孔耿尚王今安在？一般茅土成荒秽！
争及将军有遗芳，姓名并恃黄龙塞。

位于旅顺黄金山麓的黄龙墓

海疆天险暮哀潮

近代旅顺海防和战争遗迹

军旅作家陈明福在2010年推出他的长篇巨作《沧桑旅顺口》。全书洋洋洒洒80余万字，把“一座旅顺口，半部中国近代史”的峥嵘历程清晰地展现在读者面前。是一种什么样的责任感，促使这位古稀老人走遍了旅顺的河口海岸、山峦丘陵，伏案数载，完成这样一部感人肺腑、壮怀激烈的大作呢？陈明福先生的回答是：“当流泪的河流上荡起情歌，当流血的土地上开满鲜花，当燃烧的沿海炮台渐渐成为斜阳衰草中的废墟，人们似乎已经有了遗忘昨天、遗忘苦难的理由，特别是沐浴在灿烂的阳光下的年轻一代，不乏有人这样认为。但是严肃的历史老人谆谆告诫我们：忘记昨天的人，必将虚度今天，失去明天。牢记昨天的苦难，抚摸身上的伤疤，才能珍惜今天的幸福，为更加美好的明天去奋斗。昨天，这部历史教科书绝对忘不得，更丢不得。”

当我们站在旅顺口，遥望那微波荡漾的港湾时，心中确实有一种难以言表的情怀，涌动着“丢不得”的呐喊。旅顺，在中国近代史上所留下的悲壮的印记，我们理应永远铭记在心。

《沧桑旅顺口》书影

1840年，英国政府一手挑起了鸦片战争，使中国有史以来第一次遭到从海上来的大规模的外敌入侵。随着海上大门被迫打开，中国开始进入屈辱的半殖民地半封建社会时期。外国侵略者通过战争，逼迫清政府签订了《天津条约》《北京条约》等一系列不平等的条约，勒索到了他们当时企图从中国夺得的一切利益和权力，并处心积虑地谋划“在腐朽的躯干上嫁接出适合侵略需要的新生机”的办法，妄图把清政府改造成他们在华统治的工具，遵守和适应侵略者所策划及安排的半殖民地的新秩序。然而，鸦片战争的失败，在当时的清朝统治者中似乎并没有引起很大的震动，犹如往一潭死水中投入一块石头，激起一阵涟漪，瞬间鸟惊蛙潜，迨石沉波平，一切又复故常。佚名的《软尘私议》这样描述鸦片战争结束后的社会现象："和议之后，都门仍复恬嬉，大有雨过忘雷之意。海疆之事，转喉触讳，绝口不提；即茶房酒肆之中，亦大书'免谈时事'四字，俨有诗书偶语之禁。"

真正让那些行走于朝廷的达官贵人对时局开始有了新的认识的，则是洪秀全领导的太平天国运动，以及第二次鸦片战争。时局的强烈变化，迫使他们不得不开始着眼于从军事上向西方学习，以求改变自己落后的状况。不幸的是，清朝统治者中的这一部分人，一开始走的就是另一条路，他们所谓要引进西方先进的军事技术，竟是为了镇压人民的革命和反抗，而对外国侵略者都是一味地献媚屈从。李鸿章本人就曾讲过："居今日而曰攘夷，曰驱逐出境，固虚妄之论，即欲保和局、守疆土，亦非无具而能保守之也。""我之造船，本无驰骋域外之意，不过以守疆土、保和局而已。""海外之险，有兵船巡防，而我与彼可共分之。长江及各海口之利，有轮船转运，而我与彼亦共分之。或不至让洋人独擅其利与险，而浸至反客为主也。""目前固须力保和局，即将来器精防固，亦不宜自我开衅。彼族或以万分无礼相加，不得已而一应之耳。"李鸿章就是这样不谈反对侵略的"攘夷"，只是一味地要保全在列强刺刀下的半殖民地社会的"和局"，残守还未被侵略者占夺的疆土，甚至还要在这块疆土上与侵略者"共分""险与利"。堂堂朝中一品大吏，其胆怯心态确实让人感到一种无奈。这些人引进西方的近代军事技术，仅仅作为维持半殖民地制度下的封建统治现状的工具，标准和目的性既是如此之低，所要引进的西方技术自亦不高，也就谈不上什么谋求自立和创新，更谈不上追赶先进了。

到19世纪60年代后，经过两次鸦片战争，英、法、美等西方列强迫使清政府签订了一系列不平等条约，首要目的是从海上打开中国的大门，开埠通商；同时，通过条约保证其商业利益，攫取种种特权，如治外法权、领事裁判权以及协定关税、开辟租界和后来的帮办海关等权益。通过这样的不平等条约，西方资本主义对中国社会的影响，开始从经济领域渗透到政治、外交、军事和文化各个领域。在列强的坚船利炮面前，以奕䜣为代表的一些王公大臣和曾国藩、李鸿章等地方要员开始认识到"中国文武制度，事事远出西人之上，独火器万不能及"，因此在他们的眼里，"治国之道，在乎自

清政府为办理洋务和外交事务而特设的总理各国事务衙门

强，而审时度势，则自强以练兵为要，练兵又以制器为先”。正是在这种情况下，一批近代军事工业率先在沿海地区兴起。

就在中国清政府蹒跚学步创办军事工业之时，我们的近邻岛国日本却在迅速崛起。他们经过1868年的明治维新，走上了资本主义的发展道路，与此同时，黩武扩张的立国方针也被确定了下来。日本政府千方百计地谋划，希望通过对朝鲜、中国的侵略，来尽快地提升国力，以“布国威于四方”。因此，他们大力整顿武备，尤以“大兴海军”为重点。到19世纪70年代，日本近代化的海军已经初具规模。1874年4月，日本政府公然派出海军入侵中国的台湾。日本侵台事件给了中国朝野以极大的刺激，不但使人们开始注意到崛起的日本已经成为中国最危险的敌人，而且以己之痛，深感中国海防的虚弱和落后。当时的总理衙门大臣文祥这样讲：“夫日本，东洋一小国耳，新习西洋兵法，仅购铁甲船二只，竟敢藉端发难……是此次之迁就了事，实以制备未齐之故。若再因循泄沓，而不亟求整顿，一旦变生，更形棘手。”这段话代表了清朝统治集团在受创后的警醒，全面规划与加强海防建设由此被提上议事日程。

1875年5月，清政府发布上谕，决定分南、北洋督办海防，“着派李鸿章督办北洋海防事宜，派沈葆桢督办南洋海防事宜。所有分洋、分任练军、设局及招致海岛华人诸议，统归该大臣等择要筹办”，此外还授以南、北洋大臣购买船炮、提拔饷需、保奏人才等权力。这道上谕的颁发标志着清政府海防战略的初步形成，说明清政府已清楚地认识到了来自东、西洋的外患已经成为国家安全的威胁，认识到了筹备海防的必要性和紧迫性。尽管清政府的这种南、北洋分防布局的决策所体现出的仅仅是一种在重点地区实施海口防御的思想，存在着一定的局限性和某些弊端，但它毕竟在国家海防决策中首次实现了区域防御的模式，摆脱了中国传统的立足陆地，坚持以“炮台为经，师船为纬”分散于各点防御的窠臼，在海防战略布局方面向近代化进程迈出了重要的一步。

李鸿章

在这种加强海防战略的布局中，李鸿章开始了营建基地的巨大工程，建立海岸防御体系，以构成易守难攻的要塞。基地具有指挥、通信、后勤、岸防等功能，可以为舰队提供战斗保障和后勤保障。在李鸿章的思维中，非常清楚，基地建设是近代海军发展中不可或缺的组成部分，抓住了这个环节，有利于海防战略的迅速推进。

从中国的地理版图上看，辽东半岛和山东半岛遥遥相对，宛如猛蟹之双螯，环抱着渤海，是北京的天然屏障。清政府对这一地区的防御布局一向极为重视，但北洋海军基地的选址却难说一帆风顺。在前后10余年中，烟台、大连湾、天津、旅顺、威海等地都被考虑过。经过官员的考察论证，最终将基地选定在旅顺和威海。关于这一点，李鸿章在给醇亲王的信中写道：“西国水师泊船建坞之地，其要有六：水深不冻，往来无间，一也；山列屏障，以避飓风，二也；路连腹地，便运粮粮，三也；土无厚淤，可浚坞澳，四也；口接大洋，以勤操作，五也；地出海中，控制要害，六也。北洋海滨欲

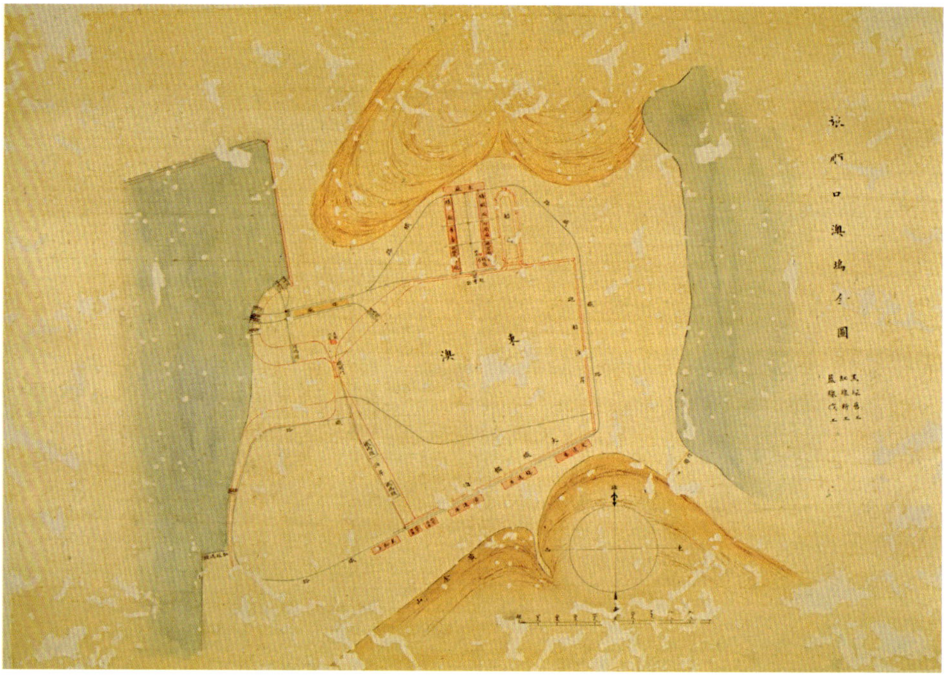

经慈禧审定的旅顺口坞澳图

旅顺口船坞

觅如此地势，甚不易得。胶州澳形势甚阔，但僻在山东之南，嫌其太远。大连湾口门过宽，难于布置。惟威海卫、旅顺口两处较易。”

旅顺口位于辽东半岛的最南端，是个天然良港，战略地位十分重要。1602年，明朝便在这里设立水军。1714年，清朝在此设立水师营，将登州裁汰的30艘战船移运于此，以备操练巡哨，兵士皆为八旗丁卒。然而旅顺口长期以来只是清朝小型水师的屯泊所，未能成为影响全国的国防要地，它的重要性也未能得到清廷的瞩目。民间有识之士对此则早有所识，清初学者姜宸英著《海防总论》对此有所论述。道光、咸丰年间，魏源、郭嵩焘亦对此地甚加重视，并感叹当局者不知注意，如云：“旅顺口渤海数千里门户，中间通舟仅及数十里，两舨扼之可以断其出入之路。泰西人（外国人——笔者注）构患天津必先守旅顺口，此中形势之险要，泰西人知之，中国人顾反而不知，抑又何也！”光绪初年，江苏学者华世芳于其《沿海形势论》一文中，甚至称登（州）旅（顺）为中国海防“天造地设之门户”，其间海面不及二百里，可以避风，可以汲水，南北联络稳便，“中国之形势，实无有逾于此者”。1875年，清政府外交官李凤苞在天津初会李鸿章时，一针见血地建议道：“关外旅顺一口，为京师东北要塞，宜早防备。”之后，李鸿章决定“先择著名险要之旅顺口屯扎以扼北洋门户”。1880年7月，李鸿章派县令陆尔发随同德国退役陆军军官汉纳根、英国海军上校柯克前往旅顺，查勘修建炮台和船坞之所，旅顺海防基地建设随即全面展开。

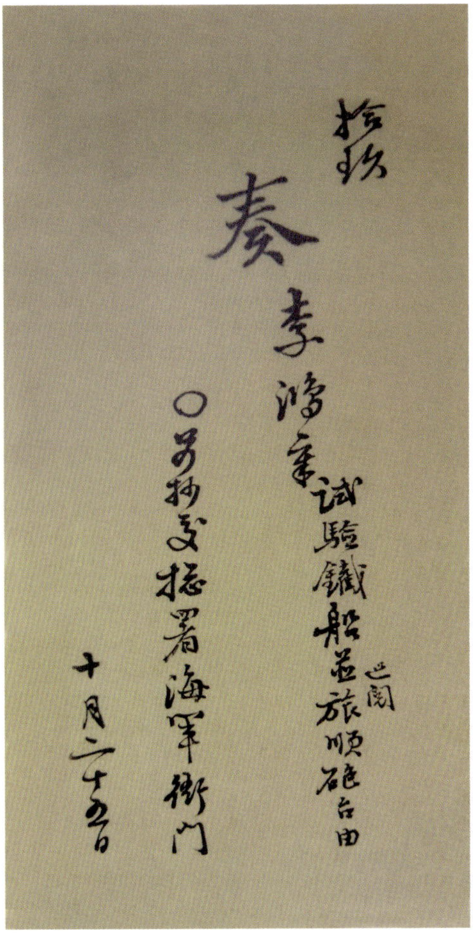

李鸿章奏试验铁船并巡阅旅顺炮台由（旅顺博物馆收藏）

旅顺海防基地是清朝末期一项规模浩大的工程，从1880年至1890年，历时10年之久，消耗二三百万两白银，施工人员经常保持在五六千人之众。

旅顺海防基地的营建大致可分为两个阶段。1881年至1885年为第一阶段，主要修筑炮台，同时进行疏浚口门、船澳，挑挖船澳土方，修筑船澳石坝、泊岸，增建库房等工程。为了保证工程正常进行，特别设立了旅顺海防营务处工程局，李鸿章委任同乡好友黄瑞兰担当营务处工程局总办。但由于黄瑞兰为人贪鄙无能，不懂工程，任人唯亲，挥霍浪费，又不能与洋员合作，所以任职仅一年，便惹得怨声四起，工程进展甚为缓慢。在这种情况下，李鸿章不得不将黄瑞兰调回天津，任袁保龄为营务处工程局总办。

据说，袁保龄虽出身名门，却无贵族公子的纨绔习气。他接管工程营建时，对土木工程、会计核算、军舰炮台等技术全无所知，然而却能躬身求学，以建设旅顺军港为己任，履冰践雪，登凭版筑，“每日奔走尚不知疲”。

在袁保龄到位后，李鸿章又派道员刘含芳来旅顺任营务处工程局会办，协助袁保龄开展工作。同时，还聘请德国退役陆军军官汉纳根为技术顾问，帮助修建海岸炮台。1886年5月，清政府派奕䜣、李鸿章、善庆到旅顺检阅北洋海军，巡视海防工程。此时，这里除炮台等部分工程进展较快外，船坞和工厂房屋营建等迟迟未能进行。随着工程的进行，这里还要大量引进外国机器设备，洋人之间为能在此分得一杯羹而展开竞争。袁保龄等趁势酝酿让外国人参与到旅顺工程的竞争中。李鸿章支持袁保龄采取果断措施，对旅顺船坞工程实行招标，从而开始了旅顺海防基地建设的第二阶段。法国承揽的项目，包括大石坞、修理工厂、储料库、办公宿舍及船澳泊岸、铁

袁保龄

刘含芳

道、码头、电灯、自来水等设施，共需125万两白银，工期30个月。1888年，又增筑船澳拦潮石坝及铁码头，追加经费14.35万两白银。到1890年11月，旅顺海防工程全线竣工，旅顺由此成为当时远东一流的近代海军基地。而工程的主持者袁保龄却积劳成疾，于1889年8月病逝于旅顺，终年48岁，清廷追封他为内阁学士。

旅顺口内由老虎尾半岛向北延伸，天然地将这里分为东、西两澳。当时主要营建的是东澳，今天人们习惯称其为东港。这里东、南、北三面长4106.8尺（约合1368.93米），西面拦潮大石坝长933尺（合311米），形如方池，潮水落尽，水深仍有24尺（合8米）。西北处留有一口门，以便兵船出入。四周全砌大石岸，由岸面至澳底深38.3尺（约合12.77米），周围泊船，毫无风浪摇动。东港东北方为一大石坞，长414尺（合138米），宽124尺（约合41.33米），深37.99尺（约合12.66米），石阶、铁梯滑道一应俱全，坞口以铁船横栏为门。船坞用石，选自山东的大块方石，以西洋水泥砌就，凝结无隙，平整坚固。沿大坞边，还建有修船工厂9座，包括锅炉厂、机器厂、吸水锅炉厂、吸水机器厂、木作厂、铜匠厂、铸铁厂、打铁厂、电灯厂，占地约有4.8万平方尺（约合5333平方米）。同时，在东港南岸建仓库4座，东岸建仓库1座，占地约4878平方尺（合542平方米），储备船械杂料。这些厂、库结构，均用铁梁铁瓦，以防火灾。港坞四周，纵横相连的铁道长达9070尺（约合3023.33米），设有起重铁架5座，并建“丁”字式铁码头1座，专供军舰上煤运械。在澳东建造小石码头，以便修理水雷艇和小型炮船。在坞澳各厂、库、码头，设有电灯，架设铁架电线杆46座，还铺设自来水管线，修建净水池和淡水库，引10余里之外的“龙引泉”水至工厂、码头，“水陆将士、机厂工匠便于朝夕取用”。

在近代战争中，随着军舰攻击炮火越来越猛烈，海岸防御配置也引起人们的高度重视。旅顺海防营建者沿着旅顺港口的山势地形，筑成9座海岸炮台。以旅顺口口门为界，口东有5座，口西有4座。自东向西，依次为老蛎

旅顺基地鱼雷艇岸上库房全景

旅顺水雷制造所内部

旅顺鱼雷维修保养车间鱼雷局

旅顺鱼雷营栈桥

嘴（崂嵂嘴）后炮台、老蛎嘴炮台、摸珠礁炮台、黄金山副炮台、黄金山炮台、老虎尾炮台、威远炮台、蛮子营炮台、馒头山炮台。除老蛎嘴炮台为穹窑式外，其余皆为露天式，共配置火炮58门，包括200毫米以上口径的巨炮9门，射程可达12里。

旅顺口位于辽东半岛南端，没有广阔的腹地，南关岭附近的蜂腰部极易为登陆敌人切断。为弥补这一缺陷，营建者又沿旅顺港北方山峦筑起了松树山炮台、二龙山炮台、望台北炮台、鸡冠山炮台、小坡山炮台、大坡山炮台。在松树山至刘家沟西北端，沿丘陵筑起长城，将各炮台连接成炮台群。与此同时，在旅顺的元宝坊、虎尾山、校场沟、馒头山等处修建了很多座弹药库，其中南子弹库至今保存完好。到1894年甲午战争爆发前，随着海防工程的结束，再加上不断增防的北洋海军和陆军，旅顺变得喧嚣热闹起来，街道上商店、酒馆、旅社、茶楼、戏园等犹如雨后春笋般地兴起；电信电报局、陆海军医院等通信、医疗设施，海军鱼雷驾驶学堂、水雷营学堂和管轮学堂亦相继建立起来。市内干净、整齐，较之天津，旅顺口建设要好得多，

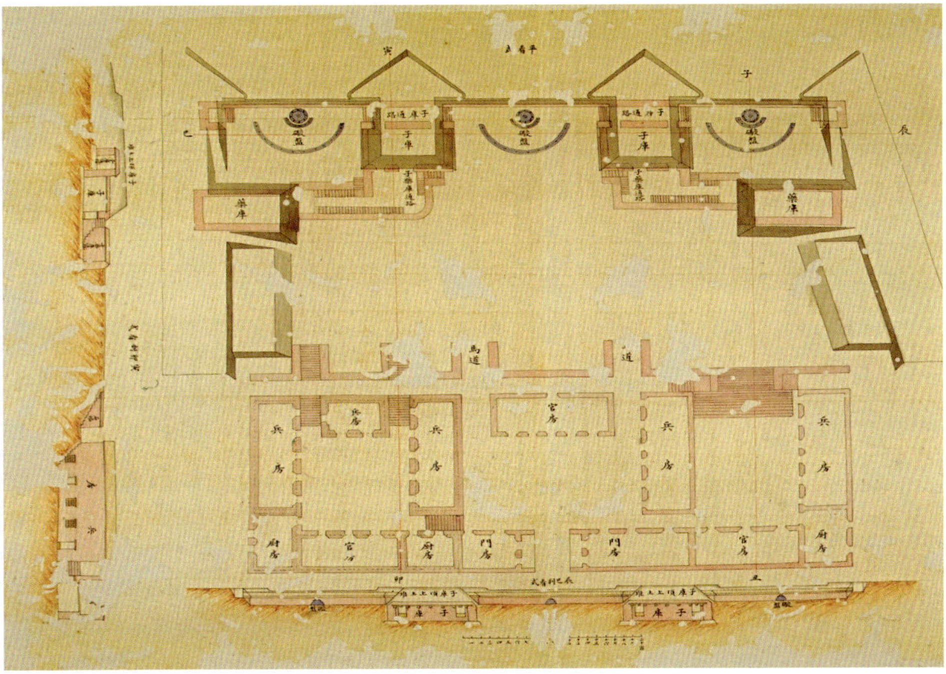

老蛎嘴（崂嵂嘴）炮台设计图

1889 年时的旅顺口

市面上一派繁忙的景象。（今天，大连一些上了年纪的老人谈到这座近代城市的发展时，会告诉你："咱们这里是'先有旅顺，后有大连'。"）一时间人们更是赞誉旅顺口"固若金汤"，是"亚洲第一要塞""远东的直布罗陀"。

与近代军事工业同时起步的，还有清政府的近代海军建设。自1840年鸦片战争以来，清政府屡遭拥有坚船利炮的西方列强入侵，痛定思痛，在李鸿章、左宗棠等人的推动下，逐步建立了北洋水师、南洋水师、广东水师与福建水师。其中，以李鸿章所主导的北洋水师实力最为雄厚。

1894年，中日甲午战争爆发，9月17日，日本舰队在鸭绿江口大东沟（今辽宁东港市）附近偷袭途经的北洋水师主力，5个多小时的海战，北洋水师损失惨重，"致远""经远""超勇""扬威"4舰被击沉，"定远""镇远""靖远""来远"4舰遭受重创，北洋舰队自此退入威海港内，黄海的制海权落入日本联合舰队之手。

2018年9月25日，"经远"舰遗址水下考古调查工作证实，辽宁大连庄河海域一艘铁质沉船残骸为"经远"舰，让人们再一次把视线聚焦在甲午海战这段历史中。

“经远”舰由德国伏尔铿（Vulkan）造船厂建造，1887年年底作为“致远”舰的僚舰，入编北洋水师。林永升出任“经远”舰的管带（舰长）。在甲午海战中，“经远”舰遭到日军“吉野”“高千穗”“秋津洲”“浪速”4舰围攻，全舰官兵在管带林永升的率领下奋勇抗战。战至最后，绝大部分官兵与舰同沉。

据央视新闻报道，经水下考古调查，“经远”舰残存舰体全长约80米、宽12米，在水下呈倒扣状态。水下考古清理出铁、木、铜、铅、玻璃、陶瓷、皮革等材质各类遗物标本500余件，种类十分丰富，包括锅炉、斜桁、舷窗、舱门、铁甲堡衬木等舰体结构，毛瑟步枪子弹、左轮手枪子弹、37毫米炮弹、47毫米炮弹等武器装备，以及锉刀、扳手等修理工具。

由于此次发现为世界海军舰艇史的研究提供了弥足珍贵的实物资料，2019年4月，辽宁庄河海域甲午沉舰遗址（“经远”舰）水下考古调查入围“2018年度全国十大考古新发现”。

文物是历史的铁证，向我们展现了125年前，北洋水师的官兵们经历的那场惊心动魄、宁死不屈的战斗。背负熊熊烈火，承受弹药殉爆的重创，迎着日本舰队的火炮打击，水兵们聚集甲板上用毫无胜算的步枪拼死一搏……

历史似乎跟我们开了个无情的玩笑，李鸿章费尽心力建立的北洋水师，固若金汤的“远东的直布罗陀”，耗费巨资、费时十余年筑起的海防屏障，在岛国日本的侵略面前，竟不能做一日之守。甲午战争带给旅顺人民的悲痛无以言表。国人面对此等耻辱，只有泣泪如雨。更有黄遵宪块垒于胸，悲哀难抑，写出了《哀旅顺》的悲歌：

海水一泓烟九点，壮哉此地实天险。
炮台屹立如虎阚，红衣大将威望俨。
下有洼池列钜舰，晴天雷轰夜电闪。
最高峰头纵远览，龙旗百丈迎风飐。
长城万里此为堑，鲸鹏相摩图一啖。
昂头侧睨何眈眈，伸手欲攫终不敢。
谓海可填山易撼，万鬼聚谋无此胆。
一朝瓦解成劫灰，闻道敌军蹈背来！

甲午战争中，旅顺陷落后，日本侵略者兽性大发，制造了震惊世界的旅顺大屠杀惨案。大屠杀从1894年11月21日夜至25日，持续四天三夜，2万多同胞惨遭杀害，就连老病妇孺亦未能幸免。甲午战争后，旅顺流传的一首民谣真实地反映了这一段历史："赵（怀业）不打，姜（桂题）不辣，黄（仕林）宋（庆）各营吹喇叭，鬼子进来好顿杀。"

旅顺大屠杀的惨状，为当时英、美等国的战地记者所亲眼看见，遂被欧美报刊陆续披露。这些报道即刻轰动了世界，美国《世界报》刊文抨击道："日本是披着文明的皮而带有野蛮筋骨的怪兽，日本今已摘下文明的假面具，暴露出野蛮的真面目。"然而由于旅顺大屠杀的制造者并没有受到真正意义上的制裁，加之日本政府的诡辩和掩饰，人们迅速地淡忘了这段历史。可就在43年后，日本政府故伎重演，导演了更加野蛮的一幕，那就是南京大屠杀，30多万中国人尸横南京街头。由此使我们想到了诺贝尔和平奖获得者、诗人伊利·维塞尔的警告："忘记大屠杀就等于第二次屠杀。"西班牙哲学家乔治·桑塔亚也曾告诫人们："忘记过去就注定会重蹈覆辙。"

日军随军记者所绘日军在旅顺大屠杀的情景

1895年4月17日，清王朝的北洋通商大臣李鸿章在日本马关春帆楼与日本首相伊藤博文签订了丧权辱国的《马关条约》。李鸿章与伊藤博文的谈判对话，也算得上是世界外交史上的奇谈。伊藤博文开门见山提出苛刻的媾和条约，不许讨价还价，说："中堂见我此次节略，但有允不允两句话而已。"李鸿章则心虚胆怯，用被告的口吻回道："难道不许分辩？"伊藤博文的回答是："只管辩论，但不能减少。"

日本割占辽东半岛，致使远东的国际局势发生了巨大的变化，就在《马关条约》签订的第六天，沙俄率先表示了强烈的不满。当时沙俄财政大臣维特说："日本所图谋的南满占领，对我们是一种威胁。"因此，沙俄正式邀请德、法两国采取一致行动，共同"劝告"日本放弃对辽东半岛的占领，并且声称：如果日本拒绝"劝告"，三国海军即炮击日本海岸，断绝日本与其在中国的占领军之间的联系。日本对此警告深感惊愕，被迫接受了三国劝告，向三国政府声明"抛弃辽东半岛之永久占领"。

其后，沙俄便以"还辽有功"要挟清政府，并于1896年与之签订《中俄密约》，取得了修筑中东铁路和在中国建立道胜银行分行等特权。1897年，沙俄政府借德国强占胶州湾事件，极力装出一副"关心"中国的"好朋友"和"仗义执信""扶助弱小"的"义士"模样，在"帮助清政府保护旅顺、大连不受外国侵略"的鼓噪声中，于12月15日把军舰开进了旅顺口。1898年3月27日，更迫使清政府与之签订了《旅大租地条约》。条约中规定，旅顺口租与沙俄，租期25年。就在条约签订的第二天，沙俄的基里尔·弗拉基米罗维奇率千余名士兵爬上旅顺的黄金山，举行了所谓的"占领式"。在山头上，他们插上沙俄国旗，全体三呼"沙皇陛下万岁"。此时，停泊在旅顺口军港内的俄舰和海岸各炮兵连队一齐大放其炮，以"祝贺胜利"。

沙俄占领旅顺口后，第一件"要事"就是把旅顺口变成其称霸亚洲、灭亡中国的军事基地和桥头堡。因此，他们募集了约6万中国民工，夜以继日地修筑了9公里长的海防线和20公里长的陆防线；修筑对海永久性炮台22座，对陆永久性炮台8座，半永久性炮台24座，配置各种口径大炮542门，还修筑了数十座兵营。在孙家沟附近设立了军用发电所，保证各炮台、堡垒和兵营的照明需要。这一工程量，相当于沙俄国内最大的军事要塞瓦斯托波尔工程量的6倍。当时的西方报纸惊呼，旅顺要塞已变成了沙俄"东方的塞瓦

沙俄占领时的旅顺口港停泊场

斯托波尔”。

沙俄侵略者的军事建设，给旅顺人民带来了无穷无尽的灾难。为了修筑要塞和兵营，他们把祖祖辈辈居住在这里的中国百姓统统赶走。如有不走者，他们就来掀瓦拆屋，甚至往井里倾泻汽油、毒物，使老百姓无食用之水，无避寒之所，被迫离去。当时旅顺中心区的郭家店、黄营和太阳沟一带的500多户居民，全部被沙俄占领者赶了出去，流离失所，无家可归。

此时沙俄在远东所实行的“黄俄罗斯计划”深深地刺痛了日本政府，日本称霸亚洲的“大陆政策”在沙俄全面占领中国东北的情况下，难以实现。他们认为这对日本的生存构成了严重的威胁，因此不能坐视不管，必须做出最后的决断。

1904年2月8日夜，日本海军联合舰队在东乡平八郎的指挥下，偷袭了驻守旅顺口的俄太平洋分舰队。两个帝国主义国家为了争夺中国东北，进而争取亚洲和太平洋霸权的强盗战争就这样开始了。在这场日俄侵略中国的强盗战争面前，清政府竟置国家主权与人民存亡于不顾，无耻宣布“局外中立”，并划定辽东为交战区，任凭两个强盗肆意绞杀。1905年1月1日，驻守旅顺的俄军宣布投降，旅顺口于炮火之下度过了漫长的329天。在争夺旅顺

沙俄占领时的旅顺口船坞

口的数次战役中，日军累计参战兵力为13万余人，伤亡6万余人，消耗各种口径炮弹28.958万发（其中重炮炮弹16.783万发），步枪子弹4590.53万发。在炮火的笼罩下，旅顺口不少村庄变成了一片废墟，大量居民“家破人亡，妻离子散，啼饥号寒，哀鸿遍野”，就连日本人办的《盛京时报》也不得不承认，旅顺人民曾“陷于枪烟弹雨之中，死于炮林雷阵之上者数万生灵，血肉飞溅，产破家倾，父子兄弟哭于途，夫妇亲朋呼于路，痛心疾首，惨不忍闻”。

苍山如海，残阳如血。时隔百余年后，旅顺山峦间的炮台早已坍圮，唯有那些暮春而开的各色野花，摇曳在微风之中，悄悄地散发着润入心田的幽香。这或许真是有一点思古的幽情，让那些南来北往的游客驻足在历史的时光隧道中，探寻旅顺口所发生的故事。

东鸡冠山北堡垒

东鸡冠山北堡垒坐落于旅顺口区中心东北方向。东鸡冠山主峰海拔110余米，由东南向西北延伸，属低山丘陵。

现东鸡冠山北堡垒

东鸡冠山北堡垒被爆破的情景

在中日甲午战争爆发前，这里曾是清军的一个土木结构的简易炮台。据记载，1894年11月20日至21日，日军步兵第十四联队左翼纵队在益满邦介指挥下向东鸡冠山炮台发起进攻，守卫在此的清军在徐邦道指挥下与日军展开了殊死搏斗，日军步兵第十四联队第一大队队长少佐花冈正贞就毙命于此。

甲午战争后，沙俄自持“干涉还辽有功”，于1897年12月15日强行将舰队开进旅顺口。沙俄出于长期霸占旅顺口、大连的目的，在旅顺口区域周围10公里的防线上构筑防御工事。东鸡冠山作为俄军东部陆防要地，防御工事可谓重中之重。建成后的东鸡冠山堡垒，人们习惯称之为“东鸡冠山北堡垒”，而在苏联作家斯捷潘诺夫的小说《旅顺口》中被称为俄军“2号炮台”。该堡垒的设计出自俄军维利奇科上校之手。

东鸡冠山北堡垒呈五边形半地穴式，占地面积约9900平方米，堡垒全长496米，外壕长4000米。整个堡垒没有任何金属物做支撑，全部是用混凝土浇筑而成。堡垒墙体厚度竟达0.9米，顶部还覆盖有2米多厚的沙袋。堡垒由入口大门、军官室、兵舍、弹药库、电话室、暗堡、侧防暗堡、外沿坑道、护垒壕、炮阵地、机枪阵地、包扎所、伙房、梯形井、堡垒后院、木吊桥、散兵壕等设施构成。日俄战争时，驻守该地的是俄军东西伯利亚军区陆军第七师二十五团第五加强连，配有火炮30余门，马克沁重机枪4挺，兵力300余人。

日本联合舰队司令东乡平八郎与陆军第三军司令官乃木希典的合影

1904年8月11日，日军第三军第十一师团承担了主攻东鸡冠山一线的任务。19日，日军再次以猛烈的炮火轰击堡垒，然而成效甚微。21日黎明时分，日军采取偷袭战术袭击北堡垒，但刚接近堡垒就被俄军击溃。日军见正面攻击很难奏效，遂改用挖掘坑道的战

日本殖民当局发行的东鸡冠山北堡垒战迹明信片

日军在东鸡冠山北堡垒构筑外壕工事

法以求逼近堡垒。俄军在发现日军企图后，索性实施反坑道作业法，自上而下迂回接近正在挖掘坑道的日军，炸死近百名日军。这期间，日军对堡垒曾进行4次爆破，但均无法攻克。11月14日，当俄军再次对日军坑道作业进行反爆破时，尽管破坏了日军的前沿坑道，但也暴露了俄军的反爆破胸墙、反爆破坑道及堡垒入口。12月15日，日军突发奇想地于坑道内点燃油毡，使大量窒息性毒气向俄军坑道蔓延，迫使俄军后退，日军乘势占领了俄军废弃的坑道。俄军旅顺陆防司令兼东西伯利亚军区陆军第七师师长康德拉琴科获悉后，连夜带领助手那乌明科中校等人来到东鸡冠山北堡垒商讨对日军作战计划。因俄军阵地的异常，日军集中重炮向堡垒发起猛攻，俄军军官掩蔽部被炸塌，康德拉琴科等9名军官当场毙命。12月18日，日军在强大的炮火掩护下，借助俄军遗弃的坑道，迅速逼近北堡垒，投放2.3吨炸药，将东鸡冠山北堡垒的胸墙炸开。日军乘势发起总攻，与俄军展开短兵相接的拼杀，随即占领堡垒。至此，历时119天的东鸡冠山北堡垒争夺战结束。

1913年11月，日本关东都督府都督福岛安正、日军旅顺镇守府司令官阪本一和南满洲铁道株式会社总裁中村是公等人发起成立“满洲战迹保存会”，开始陆续在日俄战争期间的各战场建立“战迹纪念”碑。东鸡冠山北堡垒现存的“纪念”碑就是那时建立的。

改革开放以后，旅顺口地方政府于此投资兴建了日俄战争陈列馆，北堡垒战争遗迹全面对外开放。自1988年旅顺口被评定为国家级风景名胜区后，前来东鸡冠山的游客逐渐增多，作为大连市爱国主义教育基地和省级文物保护单位，这里每年接待游客均在40万人次以上。

二〇三高地

旅顺二○三高地原名“猴石山”（更早的时候被称为“老爷山”），因其位于旅顺太阳沟西北3公里的石板桥村，又有“后石山”之称。该山为旅顺老铁山群峰之一，呈东北西南走向。日俄战争时期，日军根据战时测量该山峰海拔203米的数据将其称为二○三高地。战后，日本陆军第三军司令官乃木希典取其汉语谐音，易名为“尔灵山”。但今天人们仍习惯称其为“二○三高地”。

1904年2月8日，日本舰队偷袭驻旅顺口的沙俄舰队，日俄战争爆发。战争初期，日军企图从海上登陆，迅速占领旅顺。但由于旅顺港地理位置险峻，加之“沉船堵港”战术难以奏效，日军不得已改变战术，从金州登陆，取道大连直扑旅顺。当时俄军为抵御日军的进攻，在旅顺设置了东、西、中三条防线。二○三高地是西部防线的制高点，对旅顺要塞争夺战的胜败至关重要，日俄两军在此展开了激烈的厮杀。

日本殖民统治时期发行的二〇三高地实寄明信片

日俄战争爆发初期，这个高地还没有什么防御设施，从5月下旬起，日军开始发起陆地攻击后，俄军才在这里修起半永久性堡垒。这些工事包括环绕两山峰的深壕，左峰上挖有很深的内壕连环工事，右峰上修筑了配备6英寸火炮的炮台，炮台下有暗壕，与左峰上的多面堡相通，后坡上筑有供预备队使用的掩体，在山根环形壕前面和左峰多面堡与山根环形壕的鹿砦之间设有铁丝网。此外，还在斜坡上构筑了宽敞的隐蔽部。为解决山上吃水的问题，专门修建了一座抽水站。战争初期驻守这里的俄军是从东西伯利亚军区步兵第五团、第十四团和第十五团临时抽调的5个连，配有150毫米加农炮2门，其他小口径轻炮若干门，战地指挥官为特列奇亚诺夫上校。

9月19日，日军开始向二○三高地发动攻击。随着高地争夺战的日益激烈，俄军不断增兵，累计投入的兵力达到80多个连万余人，同时还增调了7门大炮和2门舰炮。日军主攻二○三高地的部队是日本陆军第三军的第一师团和第七师团。

11月27日，日军成功地将战壕挖至距二○三高地环形壕150米至200米处。28日拂晓，日军再次开始进攻，280毫米重炮发射的炮弹如雨点般倾泻在高地上，霎时间，山头变成一片火海。炮击过后，日军第一师团的步兵发起冲锋，但由于俄军的顽强抵抗，日军死伤累累，进攻失败，只有右翼队占领了西南岭顶。29日中午，西南岭顶又被俄军夺回。日军第一师团两天来的战斗伤亡达到3800余人，损失惨重，再也无力向俄军发起冲锋了，而俄军则逐步向二○三高地增派援军，加强防守。

当日军攻击二○三高地失败的消息传到满洲军总参谋长儿玉源太郎处时，平素一贯冷静的儿玉源太郎大为恼火，立即从驻地辽阳灯塔县乘火车前往旅顺，协助乃木希典指挥攻打二○三高地。由于日俄双方都认识到二○三高地的重要性，所以战斗特别激烈。11月30日，日军的攻城炮兵从清晨开始集中火力轰击二○三高地。在炮火的掩护下，第七师团9个半大队的步兵向二○三高地冲击，结果被俄军击溃。傍晚6时，日军再次集聚兵力向二○三高地冲击，终于占领了高地东北角和西南角两个岭顶。乃木希典的次子乃木保典少尉在当日的战斗中毙命。在日军的强力攻击面前，二○三高地的环形壕全部被炸毁，43个掩蔽部仅剩下2个还算完整。俄军已经完全失去了隐蔽，只能靠甩手榴弹和白刃格斗进行反击。惨烈的战斗持续9日之久，双方"弹丸用尽，刺刀折断，最后便赤手搏斗，牙齿相啃，反复争夺阵地"。

二○三高地争夺战，日军共动用大小口径火炮60余门，发射炮弹1.1万余发，其中280毫米榴弹炮炮弹2254发，重达489.118吨，伤亡总计1.7万余人，战死的将校级军官共有97人。俄军伤亡总计约6000人。

日军占领二○三高地后，便在该高地上直接向停泊在旅顺港内的俄军太平洋分舰队进行炮击，不出数日，港内俄军舰只便全部被击沉。二〇三高地失陷，加速了俄军的失败。1905年1月1日，驻守旅顺的俄军被迫宣布投降。

日俄战争结束后，乃木希典亲自指挥在山上修建了一座高10.3米，形似日式步枪子弹的“纪念”塔，据说当时塔身上“尔灵山”三个字为乃木希典亲笔所书。乃木希典在“纪念”塔落成后，还曾赋诗一首，称道“尔灵山险岂难攀，男儿功名期克难。铁血履山山形改，万人齐仰尔灵山”，以此来吹嘘日军的所谓“赫赫战功”。

1987年7月，旅顺口地方政府投资维修了二〇三高地，使其成为爱国主义教育和国防教育的阵地，对外开放展出。如今，昔日的战火硝烟早已逝去，但战争所留下的遗迹则到处可见，人们保留这些遗迹的目的就在于它们能告诉人们，战争是人类社会的恶魔，和谐的世界需要和平的保障。

白玉山遗迹

白玉山位于旅顺港北岸，主峰海拔130余米，旧名“西官山”。据说在清光绪六年（1880年），北洋大臣李鸿章陪同光绪皇帝之父醇亲王来旅顺考察港口建设时，登临此山。当李鸿章眺望旅顺城市全貌时，听属下介绍港口左侧的山曰“黄金山”时，即随口言道：“远既有黄金，近当为白玉。”中堂大人的一句话，引来官吏一片迎合叫好之声，从此“西官山”就被“白玉

旅顺关东厅长官官邸

山”所代替，一直沿用至今。

在清代，白玉山曾是清军的军事设施重地。光绪九年（1883年），在山的东北麓建有清军军械总库一座，大门上额由李鸿章亲书“武库”二字。甲午战争前还在此修建有白玉山炮台，只是战后炮台被毁，军械总库亦荡然无存。而当年旅顺营务处工程局总办袁保龄为白玉山撰写的对联“创四千年未有之规愿成渤海屏藩留都堂奥，环九万里无远弗届漫谈昆明池水汉武旌旗”，也不知去向。

俄军霸占旅顺后，在白玉山北侧修筑安装有152毫米榴弹炮2门、120毫米火炮1门的炮台阵地。1900年，沙俄关东州厅长官阿列克谢耶夫在白玉山面向港口的阳坡上修建了一座豪华别墅，将其作为生日礼物送给侄子启里尔亲王。日俄战争中，别墅成为沙俄关东军副司令乌罗柯夫的私人官邸。日俄战争结束后，日本殖民当局将这座别墅改为历届关东都督府（关东厅）长官官邸，其首任都督大岛义昌就居住于此。1927年8月15日，日本首相田中义一于此召开大连“东方会议”，参加会议的人员有关东厅长官儿玉秀雄、日本外务省政务次官森恪、日本驻华公使芳泽谦吉、日本驻奉天总领事吉田茂、关东军司令官武藤信义大将及参谋长斋藤恒少将、本庄繁少将等人。此次会议的主旨就是贯彻当年6月在东京召开的“东方会议”所制定的“对华行动纲领”，统一对中国时局的认识，制定侵略中国东北三省及蒙古的具体政策。

1905年11月，日本殖民当局在白玉山主峰北侧修建了一座神社，取名“白玉神社纳骨祠”，把在日俄战争期间毙命于旅顺争夺战的部分官兵骨灰共计22723份，存放于纳骨祠的地下室，并在白玉山南麓修建了“第三次闭塞旅顺港纪念碑”，把参加当时沉船堵塞港口行动的“朝颜丸”号驱逐舰的推进器置于碑前为其侵略行动歌功颂德，为死亡的官兵扬幡招魂。（这两处建筑在旅顺解放后被拆除。）

1907年6月，日本联合舰队司令、海军大将东乡平八郎和日本陆军第三军司令官、陆军大将乃木希典共同提议，在白玉山主峰为当年参加日俄战争毙命的官兵修建一座“纪念”塔。历时近两年半，耗资25万日元，该塔终于完工，取名“表忠塔”，据说这三个字为日本皇室伏见宫贞爱亲王所题。“表忠塔”的整体造型为一蜡烛形，寓意灵魂之光的不熄和后人的敬仰。这座塔总高66.8米，由底座、基柱、塔身、塔尖四部分组成。底座台阶部分的石料取自战争期间三次闭塞港口的17艘沉船上所载的石料，基柱和塔身由钢筋水泥浇筑而成，塔身外部的石料是从乃木希典的家乡日本山口县德山运来的。塔内螺旋钢梯购自美国，塔顶北侧嵌有东乡平八郎和乃木希典二人合撰的碑文，文中记述了日俄战争旅顺争夺战的简要过程。

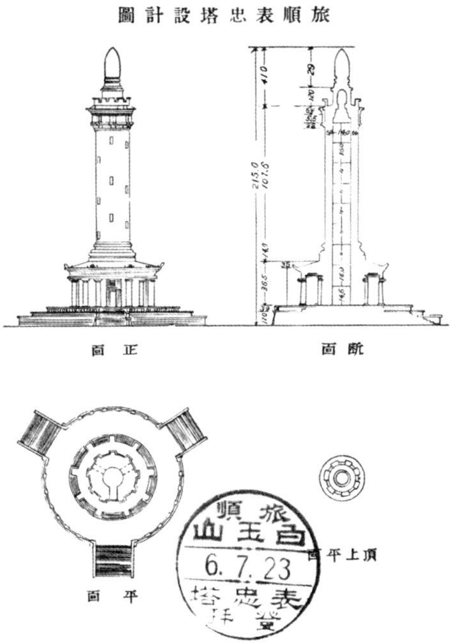

“表忠塔”设计图

1916年以后，日本殖民当局通过“大阪旅行俱乐部”开辟了白玉山等三条旅游路线，大兴“旅顺战迹”游。因此这里就成为他们宣扬“天皇神威”军国主义思想的重要场所，日本当局每年春秋两季在此为阵亡官兵举行招魂祭祀仪式。

1945年旅顺解放，人民政府将“表忠塔”这个臭名昭著、浸透着军国主义侵略

日本殖民统治时期建立的“表忠塔”

明治三十七年露國之難作二月我海軍襲旅順艦隊轟破其數
艦尋用汽船十數隻乘夜冒砲火進港口自爆沈以杜塞航路者
前後三次又沈設水雷於港外遊弋偵邏屢挫敵艦遂封鎖海道
絕其接濟八月露艦十餘隻圖脫出我邀擊之黃海敵艦潰敗四
散其大半遁歸旅順潛伏不復出先是第三軍從金州半島上陸
摧劍山敵次陷四方形山大白山及鳳凰山子大山又取大小孤
山高崎山四面進逼包圍全成於是遣使宣詔旨令婦兒避難
東勸降不應全軍乃轟砲齊攻艦隊自海上援之強襲數晝夜取
盤龍山東西二壘而要塞守禦堅固不可輒拔更用正攻法掘塹
穿壕應行曲折以漸逼壘下九月破龍眼水師營海鼠山諸壘十
月再大舉肉薄奮鬥卷山梢山一戶等壘彼我對峙益近接當是
時北進軍既拔遼陽克沙河敵增派大兵且令波羅的艦隊繼援
旅順攻略不得不急十一月三大舉進擊劇戰十數日遂拔爾靈
山瞰制港內敵艦隊竟歸殲滅而海軍常出入風濤氷霧之間蒙
砲火犯水雷以續行封鎖既而坑道作業成東鷄冠山二龍山松
樹山首壘相繼爆壞至明年一月望桑又陷露軍不能復支撤守
出降嗚呼此險要拔矣雖謂一賴
皇上之威靈亦豈非將卒忠勇義烈盡誠奉上之效乎未幾奉天
日本海海陸軍連捷和議卒成顧旅順之役自春涉冬陣歿者無
慮二萬三千人而某等船從事其間每追想當時未嘗不慨然於
懷也茲與有志謀建塔於白玉山頂以表忠烈於千載云爾
明治四十二年十一月
海軍大將正三位大勳位功一級伯爵 東鄉平八郎
陸軍大將從二位勳一等功一級伯爵 乃木希典
不許復製

“表忠塔”塔铭

扩张思想的名字剔除，改成“白玉山塔”。现在每年到此参观的游客在80万人次以上，凡是来旅顺的游客几乎都要到此来看一看。这不仅仅因为这里地势高敞，旅顺的全景可一览无余，更重要的是这里记录了中国近代史上一段屈辱的历程。

黄金山炮台与电岩炮台

旅顺黄金山位于旅顺港口的东侧，主峰海拔119.1米。它在港口东侧陡然突起，主峰两侧各有两队峰头并列连接，东西长约800米，南北宽约500米，山峦跌宕延伸到黄海之中，其形酷似一只雄狮卧于海岸。

清光绪五年（1879年）冬，清政府根据北洋大臣李鸿章的奏请，决定加强对辽东半岛南部海疆的防御建设。翌年，由北洋海军取代旅顺口的水师营，同时开工修建旅顺口军港和船坞。德国退役陆军军官汉纳根被李鸿章聘为技术顾问，派到旅顺，全面策划旅顺海陆防线的设计和施工。耗时两年有余，到1883年，旅顺口东岸黄金山上第一座炮台宣告竣工，共分本台、副台两部分，耗18.6万两白银。黄金山炮台工程较大，竣工后又曾多次修建扩大，为旅顺海岸炮台之最。当年负责督办旅顺海防工程的袁保龄曾为炮台的落成欣然写道：“大海澜回忆从前唐战辽征往昔英雄垂信史，高山天作愿此后镐京丰水中兴日月丽神州。”中日甲午战争爆发前，清政府在黄金山炮台本台安有240毫米重炮3门、120毫米火炮2门、12磅榴弹炮4门，副台安有150毫米火炮6门、120毫米火炮2门，这些火炮多数购自德国克虏伯兵工厂。黄金山炮台一时威风凛凛，致使日谍在甲午战争前就密报大本营：“因此台瞭望自由，胜过其他炮台，且备有大口径火炮皆可三百六十度，有八面射击之便，故占领旅顺海岸炮台，须自此台开始。”甲午战争期间，为了消除进攻市区的这一障碍，日军决定集中兵力进攻黄金山炮台。在日军的进攻面前，驻守黄金山炮台的总兵黄仕林贪生怕死，换上民装由老蛎嘴海岸乘船逃走。黄仕林逃走后，驻守黄金山炮台的兵勇们人人惶恐不安，部分爱国兵勇自告奋勇，进行了一定的抵抗，他们居高临下对进犯的日军“猛烈瞰射”，一直坚持到傍晚时分，才被迫放弃炮台。这一“炮台屹立如虎阚，红衣大将威望俨”的壮哉天险之地，在日军的进攻面前“一朝瓦解成劫灰”，空留一首黄遵宪《哀旅顺》之诗，似杜鹃啼血，如诉如泣。

清政府修建的黄金山炮台

俄军占领旅顺后，立即着手加强海陆防线的建设，他们在清军黄金山炮台的原有基础上，大肆扩建。到日俄战争爆发前，黄金山炮台共安装有280毫米重炮6门、57毫米火炮2门，并在火炮基座下修建了长10.5米、宽5.6米、高2.7米的弹药库3座，同时还建有7间与炮台相连的官兵宿舍。这时，火炮的基座也由砂土改为水泥、鹅卵石浇筑，厚度在1.5米以上。炮台工事东、西总长达128米。

著名的电岩炮台紧邻黄金山炮台，位于其西南方向。它置于悬崖峭壁之上，扼守旅顺口并控制口外广阔的水域，是旅顺口的重要海岸炮台之一。由于电岩炮台所处的地理位置和战略地位十分重要，因此清政府修筑黄金山炮台的同时，亦在此建炮台，当时曾称为“田鸡炮台”。

俄军占领旅顺后，电岩炮台得到了大规模扩建。扩建后的炮台长200米、宽50米，安装有254毫米火炮5门、57毫米火炮1门。254毫米火炮长11米，重42吨，可做360度旋转攻击军事目标，它的炮弹重247.5公斤，有效射程4千米～8千米；57毫米自动式火炮长3.55米，重3.8吨，在炮台上同样可做360度旋转攻击，它的炮弹重48.5公斤，有效射程8千米～10千米。俄军还对基础设施加以改建，在炮台下建有长约8.5米、宽3.7米、高2.6米的弹药库6

电岩炮台

间，还有一条宽1.85米、高2.1米，用于连接炮台的百米长廊，长廊的顶部安装有炮弹运输滑车，可将所需炮弹由弹药库通过窗口直接输送到各个炮位。日俄战争爆发前，俄军在此驻扎一个守备连，炮台司令是琴科夫斯基大尉，副司令是博雷科中尉。

1904年，日俄爆发以掠夺和霸占中国东北为目的的战争，电岩炮台就成为当年的主战场之一。当时俄军为便于对海上目标进行搜索，在炮台东、西两侧各安装了一盏大型探照灯。当夜色降临时，巨大的光柱映照在海面上，平静的海水仿佛是一面镜子，把强光又反射到陡峭的崖壁上，使崖壁泛出幽幽的光亮，就像岩石在放电，因此日军便称此炮台为“电岩炮台”。

在日俄战争中，俄军凭借电岩炮台的地理优势，以一个连的兵力，顽强地阻击了日本联合舰队对旅顺口的一次次袭击，从而使日军海上攻占旅顺的企图落空。战后被日本军国主义分子供奉为“军神”大加颂扬的广濑武夫，就是在电岩炮台炮火的攻击中葬身于旅顺口外的。在日俄战争期间，日军也曾集中舰炮火力，向这里密集轰击，然而竟没有一发炮弹命中炮台。直到俄军宣布投降，电岩炮台才停止抵抗。日军对此百思不得其解，战后经过实地考测才得解其中之奥秘。原来，电岩炮台是构筑在一堵拔地而起的孤立悬崖

停泊在旅顺口内的沙俄军舰

有人说："博物馆是一个国家的履历。"此中道理无须过多注解，也能为人们所接受。大到一个国家、一个民族，小到一座城市乃至一个乡村，它们的历史足迹都已经分外清晰地留在了博物馆这部宏大的教科书中。虽然时光如梭，历史的岁月转瞬即逝，但人类社会所沉积下来的物质文化现象，却永远地保留在博物馆这一特殊的土壤之中。有位作家曾这样写道："博物馆是一个地方的文化的浓缩，精神形象的显影屏幕，过往的漫长历程依然可以鲜活感受的时光隧道。未来的一半在历史里，而博物馆给人们的启示则是无边无际的。"作为长年从事博物馆工作的专职人员，我们要告诉大家：因为有了以历史遗迹为内容的博物馆的存在，才让过往的记忆永远不会再消逝；因为有了博物馆丰富的内容展示，历史才会在今天变得如此清晰。

在大连地区，最为著名的博物馆当属旅顺博物馆。它宛如一颗璀璨的明珠，为这座著名的海滨旅游城市增添了耀眼的人文光华。1964年，老一辈无产阶级革命家董必武在参观视察旅顺博物馆后，挥毫疾书，留下了"众珍罗列，烂粲成章"的墨宝佳句。

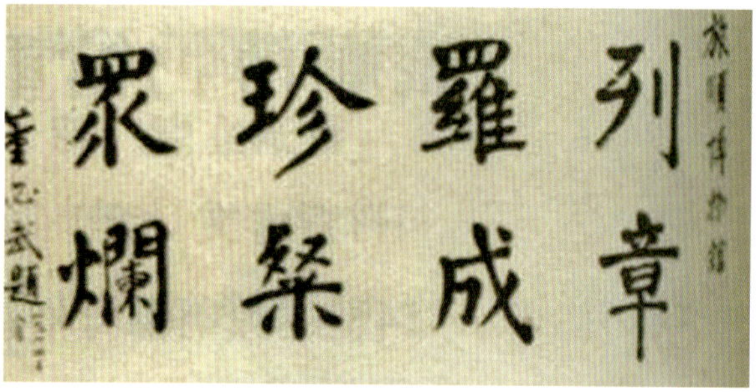

董必武为旅顺博物馆题的字

旅顺博物馆位于大连市旅顺口区列宁街42号，

20 世纪 30 年代的旅顺博物馆

旅顺博物馆主馆

它是中国建馆历史较早、规模较大的一座历史艺术博物馆。楼房整体为砖、石、木框架大屋顶结构。主体部分为二层，局部为三层，地下有一层。它的主楼前身是俄国统治大连时期拟建中的高级军官俱乐部（陆军将校集会所）。1905年后，日本取代俄国对大连地区的殖民统治，着手于1916年在松树町改建博物馆。1917年4月，日本殖民当局将其冠以“关东都督府满蒙物产馆”之名正式开门纳客，对外展出。同年于俄陆军将校集会所兴建主馆。1918年11月，主馆落成，改称“关东都督府博物馆”；1919年4月，由于关东都督府改制，该馆易名为“关东厅博物馆”；1934年，更名为“旅顺博物馆”。1945年8月22日，苏联红军挺进旅顺，10月，将馆名改为“旅顺东方文化博物馆”。1951年1月29日，经过中苏两国政府友好协商，博物馆的管理权及其一切藏品均移交给中国政府。1952年12月，馆名改为“旅顺历史文化博物馆”；1954年4月1日，恢复“旅顺博物馆”的称谓。中华人民共和国成立以来，这里的变化日新月异。大连市人民政府投入巨资，对旅顺博物馆的周边环境和展馆布局进行了大规模的改造和建设，展馆面积得到拓展，社会影响力进一步提升。2008年，进入国家一级博物馆行列。

旅顺博物馆藏品丰厚，主要是以历代艺术品为主，大连地区出土的历史文物亦别具特色。在旅顺博物馆的藏品中，共分青铜器、陶瓷器、书法

今天的旅顺博物馆展区

绘画、甲骨、印玺、石刻、漆器、历史档案、外国文物等近20个类别，总数约10万件（套），文物资料品2万余件（套），有很高的艺术、历史和科学价值。

旅顺博物馆收藏的中国古代青铜器多为传世之作，其中数量最多的是商周时期的铜鼎。这些铜鼎造型各异，或圆或方，或三足或四足，因为时代和区域的不同，其双耳和足部有非常明显的差异。这些特征成为考古学家、文物学家鉴定文物年代的主要依据。鼎在商周时期主要是作为人们生活中的炊器使用，但因为它在青铜器中具有一种特殊的地位，又多被用于当时社会的礼仪活动之中，成为人们在祭祀场合与天、地、神相交接的工具，成为奴隶主贵族权势地位的象征。《史记·封禅书》中就有这样的记载：“黄帝作宝鼎三，象天、地、人。”之后又有夏禹收天下九州之金铸成九鼎一说。从此，鼎就被人们进一步视为传国的重器，引申为国家和权力的象征。比如在建都和建立王朝时，言为“定鼎”；迁都时，言为“迁鼎”；图谋王位，取而代之，言为“问鼎”；随之而来的“鼎立”“鼎沸”“鼎食”“鼎席”“鼎运”之词便融入人们日常使用的词语之中，更有“一言九鼎”，形容所

商父辛鼎

商兽面纹鼎

说的话分量很重，作用很大。一件普通的工艺品具有如此重大的社会、政治以及宗教上的意义，这在世界各民族中都是罕见的。

这些象征着奴隶主阶级无上权威的青铜礼器，有不少借鉴了飞禽走兽的形象，其造型与装饰艺术都具有强烈的感情色彩，笼罩在一种神秘的气氛之中。有一件鸱鸮提梁卣，其造型新颖别致，独具特色，给人以生动、威严的感觉。所谓的鸱鸮，就是猫头鹰。从正面视之，可见其身体肥硕，两足伫立，双目圆睁，喙部前伸，透出雄健、刚毅和勇猛。这些青铜器上铸刻的鸟兽形象以及有特殊意义的装饰花纹，正是远古图腾崇拜遗留下来的历史痕迹，它们真切地反映了那个时代人们的幻想与希冀。同样，是希望赋予了人们非凡的创造力，使得中国古代的青铜器既有虎豹的威严，也有鹰隼的猛鸷，仿佛既能咆哮于山林，又能高翔于长空，还可以像苍龙一样游于苍天，浮于江河。它们是作为人与神相互交接的媒介而存在的，所以也就具有了升天入地、叱咤风云的

商鸱鸮提梁卣

商涡纹鼎

商饕餮纹鼎

西周虢文公子鼎

异禀。

在商代的青铜器上，最常见的是普施饕餮纹饰。饕餮是古时传说中的一种贪吃的恶兽，这种形象很可能是由当时占统治地位的氏族部落崇拜的图腾演化而来的，以此向被征服的部落和奴隶显示出统治者的权威、意志和力量。然而随着时间的推移，在今天它已经由一个人们眼中神秘恐怖的丑恶形象，逐渐地变成了一个具有很高美学价值的审美对象。美学家李泽厚先生称赞它具有一种后人无法超越的“狞厉之美”。当我们欣赏这些青铜纹饰时，可以暂且不做纵横之议论，仅从它们那沉着、稳健的造型，雄健、粗犷而又拙朴的线条和雕刻技巧，就能感知它们所要展示的内容。在3000多年前生产力极为低下的情况下，奴隶们能够如此纯熟地自由驾驭青铜器的冶炼、铸造及制模雕刻技术，其伟大的创造力令人惊叹。

除了大量的铜鼎之外，那些从商代到宋代各个时期的食器、酒器、乐器及其他生活用具更为世人所瞩目，其中尤以西周至两汉时期的藏品最为突出。西周时期的“小臣宅簋”“过伯簋”“吕方鼎”“翏生盨”，春秋战国时期的“大梁釜”“冉钲”，汉代的“洛阳武库铜镜钟”“南陵铜钟”“杜陵扁壶”“雍棫阳宫鼎”等一大批青铜器，不仅造型精美，纹饰清晰，而且还刻有铭文。上述器物曾为著名金石学家罗振玉收藏并刊印著录，郭沫若先生的金文考释著作中也有大量的研究和引用。从事史学研究者一般都知道，凡研究中国古代青铜器者皆手不离《商周彝器通考》，言必称《三代吉金文存》。前者系久负盛名的现代古文字学家容庚先生的鸿文著述，后者则是近代金石学家罗振玉的博览广证之作。两部学习古文字的扛鼎之作都专门讲到收藏在旅顺博物馆中的一件西周昭王时期的青铜器，实为罕见，由此亦可知此器之重也。这就是后人所称的“过伯簋”。簋是商周时期人们用以盛放稻粱黍稷的食器，类似于今日常见的碗。古时，人们宴饮餐食往往席地而坐，簋便置于中间，人们伸箸动勺，取食而用。据文献记载，在西周时期，簋与鼎都被列为重要的礼器，并有一套完整的用鼎、用簋制度，即天子用九鼎八簋，诸侯用七鼎六簋，卿、大夫用五鼎四簋，元士用三鼎两簋，可谓是等级

西周过伯簋

西周过伯簋铭文

分明，界限森严。

过伯簋造型端庄。腹似盆，下腹向外倾垂，有双耳，耳上双角贴伏有兽首，上端紧贴附在铜簋的颈部。颈部环饰有兽首及短尾鸟纹，鸟首回眸，前有垂冠，后有附加长尾，向上卷曲。圈足下有连铸的方座，方座上方中部雕饰有兽首，下部中间有空缺。在簋腹内壁底部铸刻有大篆铭文16字：“过白（伯）从王伐反刱（荆），孚（俘）金，用乍（作）宗室宝尊彝。”

古史中多称西周昭王荒靡，好耽乐戏游，故《左传》中有“昭王南征而不复”的说法。然而，观此件铜簋铭文所记载的则是其率军伐荆楚之事，还是颇有些勇武雄风的。请看：过伯跟从昭王共伐荆楚（今长江流域之地），大军所过之处，恰似风卷残云，旌旗猎猎，战车滚滚，千钧雷霆，一泻万里，“惊波一起三山动，公无渡河归去来”（李白《横江词》）！可谓是气吞天下，力拔山河。战争告捷之日，用战场上所缴获之铜，铸造了这件光耀祖宗之宗室器物，用以昭告天下：吾辈志在阐述，一役功德垂映千春。由此看来，这分明是胜利者的丰碑。另据《竹书纪年》《吕氏春秋》《帝王世纪》中所记和同属昭王时期其他铜器铭文记载，西周昭王共有三次南征，而过伯簋所言的征伐之事绝非《左传》所记之事。或许它正因为对史籍有所佐证和弥补，而备受史学家们的青睐，成为古代青铜器中一件熠熠生辉的瑰宝。文字学家则看到，虽然铭文字体介于斜正俯仰之间，略有参差不齐，但其不拘泥于结体章法规则的束缚，生动自然，有若满天星斗，落落大方。

西周时期的青铜器中还有一件不可不提，那就是吕方鼎。旅顺博物馆收藏的这件吕方鼎为西周中期的文物，原由清末金石大家罗振玉收藏，1955年入藏旅顺博物馆，为国家一级文物。吕方鼎呈长方形，四足柱立，直口

西周田告罍

西周翏生盨

西周吕方鼎

西周吕方鼎铭文

立耳，口缘外卷而平，腹呈长方槽形，四面饰以相同的纹饰，上部为垂冠鸟纹，地衬细方雷纹，下部的乳丁纹，呈“U”形分三行均匀排列，中间饰以连山纹。吕方鼎造型敦厚、纹饰华美，但更为珍贵之处在于它内壁铭铸的铭文。

这篇铭文的字体为大篆，内容是：“唯五月既死霸，辰在壬戌，王餈于大(太)室。吕延于大(太)室。王易(赐)吕鬯三卣、贝卅朋。对(扬)王休，用乍(作)宝鼒，子子孙孙永用。”

这件器物的主人“吕”经查证应称为吕伯，名刚，是周穆王时期的一位重臣，在青铜班簋、静簋上都有关于这个人的记载。吕方鼎腹部装饰的像凤头形状的垂冠鸟纹便是“吕”这个家族的徽识。吕方鼎上的铭文向我们揭示了它的来源，那就是周穆王在太室行宴享之礼时，吕伯作为臣属陪侍左右，周王赏赐给吕伯黑黍做的美酒三卣、贝三十朋。为了记住周王的恩赐，吕伯铸造了这件铜鼎，让子孙后代永远享用。

西周时期，在宴享时，臣属受到的赏赐是有区别的，“美酒三卣、贝三十朋”算是当时对大臣最高的赏赐了，于是吕伯将这种荣耀撰文铸刻于鼎上，用以光耀子孙。

在旅顺博物馆的青铜器中，有一种被称为铜豆的器物。铜豆，中国古代重要的礼器之一。东汉学者许慎在《说文解字》中说：“豆，古食肉器也，从口，象形。”由此而知，豆是古代专门盛放肉食之器。其实，考古工作者在新石器时代的文化遗址中，就已经发现有大量的陶豆出土。殷商时期的铜豆比较少见，西周至战国时期的铜豆却非常多见。一般来说，铜豆可分盘、柄、座三部分。从它自身的发展情况看，早期的铜豆最上面的部分就是一浅盘，无耳，无盖，柄为束腰形。春秋以后，上部的盘逐渐变深，犹如一深腹大碗，两侧继而出现了对称的双环耳，并且还有了带抓纽的盖，这种盖可

战国蟠虺纹豆

战国铸客豆

翻倒覆置，恰似一浅盘可内盛食物。铜豆之柄亦有了高矮之分。旅顺博物馆所收藏的一件战国时期的铜豆，其装饰繁复的工艺特点使它愈发显得沉稳、敦厚。在铜豆的盖及腹部均环饰有细腻的带状勾连云雷纹，在盖的抓纽上有一组蟠虺纹。勾连云雷纹和蟠虺纹都是春秋至战国时期青铜器上较多见的纹饰。其通体纹饰线条纤细，百折千回，纤余往复，窈深缭曲，柔媚婉约，华美艳耀。它在工匠的手中，以更为自由和多样的回旋纤折的运动和空间结构，表现出一种妖冶浮艳的情致。

在为之赞叹的同时，我们也不无遗憾地看到，当中国古代青铜艺术逐渐地形成一种代表着纯粹的高度工艺技巧水平的艺术风格时，它实际上便已是临近“最后的晚餐”了。中国古代青铜器的发展历史就是这样告诉我们：战国时期青铜器纹饰虽多纤细繁奇，确乎可以炫人心目，但却再也寻觅不到商周时期那种力压群雄的神秘之感了。

战国大梁司寇鼎

战国蟠螭纹鼎

春秋冉钲

春秋陈侯簠

春秋云雷纹甬钟

中国音乐的历史可谓源远流长。商周以后，青铜乐器的种类明显增多，并大量地用于战争与王公贵族的饮宴之中。史书有记：公元前482年，吴晋两国争做中原霸主，相持不下。吴王夫差亲率兵马三万列于晋军营外，只见“王乃秉枹，亲就鸣钟鼓、丁宁、錞于，振铎，勇怯尽应”（《国语·吴语》）。这“横行负勇气，一战净妖氛”的声势，可算得上“边月随弓影，胡霜拂剑花”（李白《塞下曲》）了。晋国慑于吴国的军威，只好拱手称臣，让吴王夫差做了中原的霸主。这里所提到的钟、鼓、丁宁、錞于、铎等都是军中的乐器。其中，錞于是古时军中乐器里十分特殊的一种，据文物学家考证，錞于之器始见于春秋时期，盛行于战国至汉代，此后则不多见。

錞于的器形多显匀称，打眼一瞧，犹如一只倒置的大口尊。早期的錞于多呈圆筒形，而后来之器多为椭圆状。旅顺博物馆收藏的战国时期的虎钮錞于，是一件非常具有时代气息的典型乐器。此件錞于属于扁圆肩，阔唇边，虎钮式，在其上部椭圆形的盘内中央上雕有一虎，可系绳悬挂。虎的头部硕大，张口露齿，尾端上卷，虎身微微下蹲，呈欲跃之态，威风八面。遥想当年，錞于悬于战车之中，武士挥锤发出叮咛之声指挥士兵进退，摧枯拉朽，“旌旗缤纷两河道，战鼓惊山欲倾倒”，阵势是何等激动人心啊。只是在今

东汉铜鼓

战国虎钮錞于

战国虎钮錞于局部

天，这一切凝固到一件体积不算庞大的錞于之上，真是奇妙！

在旅顺博物馆的古代青铜器中，大家还可以看到数量不菲的铜带钩。带钩这种物件，是中国古代贵族、官僚以及文人、武士日常生活中不可缺少的用具。因为在古时，人们所穿着的宽服大袍都系有腰带，这带钩就是腰带上的挂钩。以往人们每说到带钩的起源，就以为与战国中期赵武灵王胡服骑射有关，是从塞外引进中原的。所以，就连近代著名学者王国维在《古胡服

战国兽头形带扣

考》一文中都写道："其用黄金师比为带钩，当自赵武灵王始矣。"但20世纪80年代以后，考古研究工作表明，远在西周晚期至春秋早期，居于黄河流域的华夏族服饰中，就已经出现并使用带钩，到了战国至秦汉时期则更为流行，达到了鼎盛阶段。魏晋南北朝以后，由于带有活动扣针的金属带扣出现，带钩才逐渐地退出了历史的舞台。

带钩主要是由钩首、钩体和钩钮几部分组成的，钩首与钩体相连接的部位被称为钩颈。为了使用方便，带钩的侧面必须做成与身体相适应的弯曲状。由于带钩于实用之中又兼有佩饰的作用，所以在汉代广为风行，且造型百变，有条形、棒形、琵琶形、飞雁形、兽首形等不一而足，上面的花纹图案更是变化万千，甚至有包金嵌玉者。

在那琳琅满目的青铜器中，我们还可以看到名称不同、造型各异的古代兵器：铜矛、铜戈、铜戟、铜斧、铜钺、铜剑等。从这些文物中，可以看到冷兵器的演进过程。如战国时期，群雄相争，战争频繁，使远射兵器有了很大的进步，出现了弩机，增强了弓箭的杀伤威力，使其射程和准确性都有了提高。

当我们步入宽敞明亮的博物馆展厅，欣赏那些经过几千年的土掩水浸而变得碧色斑斓的古青铜器时，就如同穿越了千年时光，回到了产生它们的那个历史环境之中。耳边，似乎响起喃喃的祈祷声和深沉的乐声；眼前，晃过一群被捆绑的人牲，在奴隶主的皮鞭下，在斧钺的挥舞中，觳觫着，号泣

清代白玉螭虎纹兽首带钩

商曲内戈

商直内戈

战国剑

东汉延熹五年（162年）弩机

战国相邦矛

商兽面纹钺

着……那熊熊的火光，映着太牢的青铜大鼎，鼎上狞厉的饕餮于烟雾中忽隐忽现。

中国古代青铜艺术以它自身的特殊方式和艺术语言，真实地反映了它所产生的那个充满了神话与幻想的时代，它的身上沾满了奴隶社会的斑斑血泪。

旅顺博物馆的古代陶瓷器收藏几乎占据了馆藏的半壁江山，不仅因为数量占优，其种类和内容更让人感到兴奋。中国的陶瓷器，是最为世人称道的三大艺术品系（玉器、陶瓷器、漆器）之一，西方近代文史学家中就有人直接以"瓷器之国"来称呼中国。西方人喜欢中国的古陶瓷器，这种风气似乎由来已久。约200年前，英国著名作家查尔斯·兰姆在《伊利

西周陶卣盖内范

亚随笔》中写过一篇散文《古瓷器》。文章开头就这样讲："我对（中国）古瓷器几乎有着一种执着的妇人之爱。"在英文里，"中国"和"瓷器"的字母是一模一样的，不同的地方是作为"瓷器"使用时，除标题外，字母中的C是小写的，而作为"中国"使用时，字母C则需要大写。

陶器是人类在长期的劳动实践中，发现了泥土的可塑性和耐火性而创造出来的，它是人类达到定居生活阶段的产物。早在新石器时代，生活于黄河流域的先民便创造了具有民族风格的仰韶文化彩陶。彩陶上的图案，是陶器在未入窑烧制以前就画上去的，待烧成后，彩绘图案便永久地固定在陶器的表面。这种彩画内容反映的多是当时人类社会生活的环境，体现了原始人类的思想感情和对装饰艺术的理解。不同的彩陶纹饰及其艺术风格，是区别不同地域、不同原始集团的重要标志之一。如生活在陕西半坡的人类，他们的彩陶图案是以鱼纹为主；生活在河南陕县（今三门峡市陕州区）庙底沟的人类，他们的彩陶图案以三角纹、圆点勾叶纹为主；生活在陕西华县（今渭南市华州区）柳枝镇的人类，他们的彩陶图案以鸟纹为主；生活在山东大汶口一带的人类，他们的彩陶图案则多为三角纹、菱形纹和方格纹等几何图案；生活在甘肃一带的人类，他们的彩陶图案则是以圆圈纹中填以不同纹饰的几何图案为主。总之，在新石器时代中，人类对色彩的运用、图案的构饰，都显得各领风骚，百花争艳，反映出多元的地域文化面貌。

旅顺博物馆收藏的彩陶器多为甘肃马家窑文化系列。据考古研究证明，马家窑文化的起止时间约在公元前3300年至公元前2100年，大约经历了1000年的发展过程。马家窑彩陶多为敞口、溜肩、鼓腹、平足小圆底，器物的造型趋于饱满端庄，彩绘图案是在手制的橙黄色细泥质的陶器上，用红、黑两色交绘，以锯齿形的花纹装饰组成一幅完整的涡旋纹饰图案，凸显繁茂密致、流转有序的特征，给人

甘肃马家窑出土彩陶罐

甘肃马家窑出土网格纹彩陶瓮

以波澜壮阔、巨浪翻卷的强烈的运动感。这种巨腹大型陶罐，在当时主要用于储存粮食。为了能平稳安置，故自圆腹以下部分多埋于地下，所以彩绘图案多集中在口、肩和上腹部位。这样一来，人们自上向下俯视，就可以看到彩陶的全部纹饰。此种设计真可谓是颇具匠心，耐

甘肃马家窑出土涡旋纹陶瓮

人寻味。这些繁复的涡旋纹和腹部那道水波纹饰，表现了人类与水的密切关系。

战国时期，陶瓷手工业在前代的基础上有了新的发展，磨光、暗花、彩绘等绚丽多彩的装饰艺术在齐、燕、楚、韩、赵、魏各国中普遍得到应用和推广。当时，以灰陶为代表的陶器使用的范围相当广泛，旅顺博物馆收藏的此类器物，基本上属于齐、燕地区的作品。

在中国古代社会，陶俑是陪葬物中陶制品的一种，可分为人物俑和动物俑两大类。两汉时期，陶俑在题材和类型以及反映社会风貌方面均大大超越了前代。出现这种现象的直接原因是，经过汉初文、景二帝的励精图治，汉朝成为当时世界上最强大的国家之一。经济的发达，使得统治阶层一方面在活着的时候穷奢极欲，纵情享乐，另一方面则是在死时不惜厚葬，以求再现阳间的生活。收藏在旅顺博物馆里的东汉灰陶马，就是一件非常典型的陶塑动物俑。制作这件陶马的工匠充分运用写实的手法，塑造出雄姿卓立的骏马

甘肃马家窑出土长颈单耳彩陶罐

汉代灰陶马

形象。马首微扬，双目突兀，吻部张开似有嘶鸣之意。马首与躯干的比例虽不甚协调，但仍不失秀美俊逸。马颈长而弯曲，胸部宽厚，躯干粗实，四肢修长，臀尻圆壮，马尾缠举。这件陶马可谓汉代良马形貌的真实再现。史书有记，汉武帝时，西域古国大宛（位于今中亚费尔干纳盆地）物产丰富，尤以汗血马闻名。汉武帝欲得名马，遂命将军李广利率军两度出征大宛。战争前后持续四年，在付出惨重的代价后，迫使大宛臣服于汉。李广利带回了大宛的“善马数十匹，中马以下牡牝三千余匹”。这些引进的骏马，促进了中国境内马种的改良，使当时汉马的体质、性能乃至形貌都大为改观。旅顺博物馆所收藏的陶马生动地反映了这一变化。正是：督邮良马骏骨成，腾踏万里为骅骝。

在旅顺博物馆收藏的汉代陶器中，还有一种低温铅釉陶，它是汉代陶瓷工艺的杰出成就之一。这种铅釉陶不仅有着翡翠般美丽的颜色，而且釉层清澈透明，釉面光泽感强，表面平整光滑，光彩照人。但迄今为止，在全国考古研究中尚未见到此类的生活器物，这很可能与它因低温烧成，器物胎体松酥不宜使用有关。在这种低温釉质陶器中，也不乏精品，如馆藏汉代陶灶就是一例。此件陶灶属于随葬的明器，为长方形，模制。灶口呈穹圆形，上有一档矮墙，似挡烟火灰尘之用，在与灶口相对的尾端处则有一圆孔，当为烟囱。陶灶表面无釉，胎土为深灰色，因埋藏年代久远，受到不同物质的侵蚀，表面形成诸多水银斑点。在陶灶四周的围墙上绘有相互对称的几何图案，让鉴赏者感到灶间的清洁和美观。在陶灶灶台两个火膛的周围，布满了生活炊具和丰富的佳肴。这里有倒扣的圆盘、方盒、魁和长方盘、耳杯等，以及庖厨所用的刀具、案台。在这些炊具的对面，又以浮雕的

汉代绿釉陶樽式炉

汉代陶灶

手法，摆放一条鱼、一只鳖、一个羊头、一个猪头和一堆蔬菜，非常形象逼真。在灶口前，还有专门用于烧火的叉子和钩子。在一个小小的陶灶上，表现出如此丰富的内容，实属少见，所以也就愈发凸显这件陶灶的珍贵。

汉代陶磨坊

据考，汉代时人们对日常起居的生活灶间是非常重视的。《释名·释宫室》中讲："灶，造也，造创食物也。"《汉书·五行志》中则称："灶者，生养之本。"古人对灶间的认识和重视程度，实为今人所不及。今天我们从这件陶灶的造型之中，似乎可以想象到当时那灶内的熊熊火焰，烹炒散发出的阵阵香气伴着炊烟弥漫于整个厨间，这该是一种何等火热的场面啊。其实在这件陶灶的背后，所反映的则是东汉时期豪强地主们斗鸡走狗、宴飨博弈，追求享乐之风的社会现实。

西晋越窑青釉谷仓罐

说过陶器，不能不讲瓷器。瓷器是我国古代劳动人民的一项重大发明和创造，也是对世界物质文明的伟大贡献。由于瓷器比陶器坚固耐用，清洁美观，又远比铜、漆等其他材质的器皿造价低廉，而且原料产地分布广，蕴藏量非常丰富，各地均可以因地制宜，广为烧造，因此，瓷器一经出现即迅速获得人们的喜爱，成为日常生活用具。三国两晋南北朝时期，中国长江以南地区的制瓷业获得了迅速发展和壮大，并成功地烧制出精美的青瓷产品。在这一时期，制瓷较有成就的是浙江上虞、余姚、绍兴一带的“越窑”。唐代诗人陆龟蒙就曾写诗赞美越窑青瓷：“九秋风露越窑开，夺得千峰翠色来。好向中宵盛沆瀣，共嵇中散斗遗杯。”（《秘色越器》）这首诗成功刻画了越窑青瓷苍翠欲滴的釉色特征，赞美了越窑超群的技术水平。旅顺博物馆所藏越窑瓷器，最大特点在于其胎质的坚硬细腻，表面釉汁的纯净艳丽，纹饰图案的简洁大方。比如这一时期的青釉鸡首壶、青釉谷仓罐等都是具有很高艺术价值的代表作品。

青釉鸡首壶，壶身为球腹平底，肩部附有对称的桥形系一对，壶上的注口呈浅盘状，有一短细筒颈相承，口沿与肩部有一圆股形的把手。鸡首引颈高冠，并有褐彩点睛。有趣的是，这个鸡首的流口竟与壶体不通，鸡首完全是为了装饰瓷壶，形象优雅别致，亦有妙趣横生之意。显而易见，在东晋时期，制瓷工匠们于生产实践中不断地积累经验和创造发明，使其工艺获得

东晋越窑青釉鸡首壶

了迅速的提高，在华丽好看的基础上，重点展示出人们内在的智慧、超迈的精神、漂亮的风貌。他们汲取夏、商、周三代铜器中鸟尊、牺尊的造型优点，极力模仿某些家禽和兽类的姿态，塑造出了众多外观优美的像生瓷，这无疑开创了中国青瓷工艺史上一代新的风尚。

东晋越窑青釉褐彩文字罐

我们在欣赏这件鸡首壶时，会由衷地感到它造型的端庄和自然、俊俏与匀称。器物本身多处弧线与盘口折线的有机组合，更增添了它于挺拔之中见柔和的韵律之美。可以讲，这件鸡首壶通体都洋溢着一种浑厚质朴、秀丽清新的魏晋风度。

在旅顺博物馆收藏的青瓷中还有一件辟邪水注，也是一件精品。水注呈狮首兽形，全身肌肉丰满健壮，四肢粗短有力，做卧踞状，身上有刻画和横印的斜线纹和鳞纹，兽背上塑有一直筒形的流口，腹内中空。水注通体施有青釉，釉色淡绿且略泛黄，清亮滋润。这是一件艺术性和实用性相结合，工艺技巧可谓上乘的工艺品。

东晋青釉辟邪水注

辟邪是古代传说中的一种瑞兽，它的形象完全是古人凭借丰富的想象力创造出来的，多为似狮似虎的形态，昂首挺胸，曲腰，大口，双目圆睁，神情异常凶悍。古人借助于想象将其融合于瓷器的造型之中，表现出艺高胆大的气魄。正是有了这种孜孜以求的精神，才不断地

唐代三彩牵驼俑

使中国的制瓷业走向一个又一个高峰，展现出姹紫嫣红的瓷器艺术世界。同时，瓷器开始走出国门，远销到欧美各国，进入广阔的世界市场，影响也变得越来越大。

陶瓷工艺发展到唐代，便进入一个新的历史时期。这主要是唐代农业经济的恢复和发展极大地刺激了手工业进步的结果。唐三彩是唐代工艺美术中的精品，在造型、装饰、色釉及雕塑和烧造工艺方面都有许多创新，可以说在陶瓷史上开拓了一个新的领域。其实“唐三彩”一词，并不见于古代文献的记载，最早对它的记述始见于民国初年。据称，在1905年至1909年陇海铁路修筑期间，人们在洛阳北邙山一带施工时发现了一批唐代墓葬，挖掘出为数颇多的唐三彩作品，这批唐三彩被古董商贩运到北京市场

唐代三彩刻花枕

上，受到国内外古器物研究者的重视和古玩商的垂青。从此，世人皆知“唐三彩”之名。

唐三彩是一种低温铅釉陶器，要经过两道烧造程序才能够完成。即首先是用白色高岭土做胎，坯体经过1100摄氏度左右的素烧冷却后，再用含有铜、铁、钴、锰等元素的矿物原料配成施彩的釉汁，用铅、铝做助溶剂给素烧坯体施彩，再入窑经过900摄氏度左右的煅烧才告完成。由于硅酸铅的作用，烧成的三彩器釉质多光洁明亮，各种色釉互相浸润，呈流动欲滴状，色彩斑斓艳丽。

在唐三彩中，马和骆驼是具有代表性的作品，其造型千姿百态，或飞奔，或静止，或俯首，或仰天长啸，诸多妙相活灵活现，表现出唐马头小颈长、腰肥体壮、线形流畅、骨肉均匀、马尾打髻、自然逼真、炯炯有神的共同特点，显得潇洒自如而又雍容华丽。旅顺博物馆中的唐代三彩舞马堪称骏马造型中不可多见的精品。它以优美典雅的造型，表现了唐代百戏中马舞这一有趣的主题。马首微垂而侧视，两耳直立，嘴微张，颈部鬃毛分梳两旁，三蹄伫立，左前蹄高抬，全身饰有璎珞及小花，红色的鞍鞯配以厚重多彩的障泥。从它的造型看，应为传说中的汗血马。所谓马舞，即由马独立完成的

唐代三彩三足罐

唐代三彩骆驼

舞蹈。据说这种百戏行为起源于西域地区，汉时传入中原，盛行于唐代。汉代时，汗血马被作为观赏马大量输入中原地区，以至“盈于后宫，充于黄门”。皇亲贵戚们玩习汗血马，“教令习拜，今辄已能；又能行与鼓节相应”。这可算作是训马作舞的滥觞。

唐开元年间，马舞的规模愈演愈大，竟有一次出动百匹马者。当时对这些舞马的条件要求极其严格，即形体需矫健，毛色当美观。据史料记载，玄宗李隆基曾下令用珠玉、锦缎、铜铃、璎珞等装扮那些训练有素的马匹，挑选数十名壮士抬起巨大的木板，任由舞马在木板上随着音乐的节拍做昂首、摆尾、举腿等动作。唐代诗人张说曾写诗赞颂：“击石骖驔紫燕，抃金顾步苍龙”“足踏天庭鼓舞，心将帝乐踟蹰”（《舞马词》）。这种舞乐的形

唐代三彩舞马

式，随着唐朝的衰败，也逐渐地枯萎凋零了。

此外，三彩人物俑也是当时的典型陶器，种类主要有男女俑、文侍俑、武士俑、舞乐俑等。人们常见的唐代女俑一般多脸颊肥硕，或发髻高耸，或刘海束发，身材丰上而杀下，长裙曳地，拱手而立，形态恭谨而不呆板，脸庞向上微侧，略露微笑，腰腿部位稍倚，呈静中现动之态。这些人物的服饰艳丽多彩，衣褶折叠细腻入微，衣带动处如“曹衣出水”“吴带当风”，韵味十足。

唐代三彩器皿和瓷器一样，驰名中外，在今天的亚、非、欧许多地方都有唐三彩遗物的发现。唐三彩在中外经济文化交流中所发挥的积极作用，是当时制造唐三彩的工匠们所始料未及的。

中国宋代制瓷工艺在陶瓷史上最大的贡献就是为美学开辟了一个新的境界。在此时期所形成的哥、汝、钧、官、定五大名窑的产品争奇斗艳。工匠们不仅重视釉色之美，而且更追

宋代景德镇窑影青釉皈依瓶

宋代景德镇窑影青釉刻花碗

求器皿的质地与造型之美，每一件成功的作品都使人感觉到有观赏不尽的蕴蓄内涵。这些名窑产品的仪态和风范也是后世陶瓷业长期追仿的榜样，千载之后，至今人们仍为之赞叹和倾倒。宋代影青瓷，是指一种釉色介于青、白瓷之间的瓷器，它的主要烧造地区为江西景德镇湖田乡。影青瓷的显著特点是胎薄、釉润，青色淡雅，器形规整，器身上的印花刻花装饰多简洁朴素。以往人们多把此种类型的瓷器统归于柴窑系列，并称赞其“青如天，明如镜，薄如纸，声如磬”。旅顺博物馆收藏的宋代贡器影青釉刻花碗当是这类作品的代表作。此碗晶莹碧透，色质如玉，纹饰为刻花篦菊纹，简单之中不失生动，透过阳光，竟有镂空之感。大碗虽为芒口，但整个器物颇有玲珑高雅之态。对这种轻巧秀丽、薄似蛋壳的影青瓷器，古人曾写下这样的诗句：“只恐风吹去，还愁日炙销。”在中国瓷器发展史上，影青釉这类瓷器，无论从器物的造型及外观，还是从胎质的致密度、透光度与洁白度等方面，都是同时代其他类型的瓷器所不能比拟的。

在旅顺博物馆的藏品中，我们还可以集中地看到宋代北方的瓷器作品，这些作品主要来源于北方最大的民窑体系——磁州窑。它的品种较为丰富，最为常见的是白釉褐黑花瓷，多数着墨仅寥寥数笔，却往往情趣盎然，真切

元代磁州窑白釉褐花小口瓶

宋代磁州窑“赵家用”四系瓶

生动地表现出浓重的乡土气息来。

磁州窑是中国古代北方一个历史悠久的瓷窑系。它虽因文献记述的不足而难以像宋代五大名窑那样受到人们的高度重视，但其独树一帜的艺术风格则早已为中外鉴赏家们所注意。磁州窑瓷器主要是以白地黑（褐）花为特征，同时又多种技法并用，尤其是以文字和绘画做主题纹饰的技法，创造性地将中国传统的毛笔书画技法融入瓷器的制作装饰之中，使作品具有鲜明的民族特色和浓厚的生活气息，为中国古代瓷器装饰艺术开辟了一条宽广的艺术之路。旅顺博物馆收藏的南宋磁州窑“平沙落雁”梅瓶，就是一件文字与绘画融为一体的代表作。该瓶瓶口沿平折呈梯形状，短颈，小平肩，上腹微硕，下腹渐收，器身修长，线条柔和优美，足部微外撇使得重心自然下垂，给欣赏者一种稳重且温和的感觉。梅瓶的俊秀之美，除了体现在它那亭亭玉立的造型之外，还体现在它那潇洒流畅的集绘画、书法于一体的黑花装饰。请看：器身自口沿下以弦纹相连，间隔涡曲纹，笔锋不偏不斜，运势自如，犹如书法上的中锋运笔，一气呵成；其下以铁线勾勒的写意技法，画出四朵圆润肥厚的牡丹，周围填充有花叶，线条流畅自如，细致而舒缓。牡丹那繁缛瑰丽之态表露无遗，真可谓是“点破繁花四五枝”“荣枯只在手中移”。在腹部较大的空白处有作者信笔挥就的“平沙落雁”四个大字，字迹于凝重稳健中不失徐疾流畅，给人以安详静穆、清远萧散的艺术美感。

宋代磁州窑“平沙落雁”梅瓶

此梅瓶的艺术成功之处莫过于书法与绘画相得益彰的融合，画于立体胚胎却犹如书于平面之纸，寥寥数笔，流利洒脱，笔触恣肆而起落有致，线条迂回反转，迎让穿插，互为照应，互为弥补，使整个画面生机盎然，把瓶体衬托得更加端庄灵巧，呈现出一种俊秀挺拔而又婀娜多姿的艺术风采。

旅顺博物馆收藏的磁州窑“童子习字”瓷枕，更给人耳目一新的震撼。在这件瓷枕上，作者通过刻画一位天真稚趣的儿童，把纸、笔、墨、砚这四种文具全面集中地反映了出来，堪称绝世之作，令人叹为观止。纸、笔、墨、砚，在中国被人们冠以“文房四宝”之美誉。从古至今，它们在艺术家的笔下屡屡“曝光”于艺术题材之中。然而，真正地集此四宝为一和谐统一的图案和画面内容者却是非常稀少，甚至难得一见。“童子习字”瓷枕，胚胎为乳白色，枕面为马鞍形而大于椭圆形的枕墙，并略向内侧倾斜。枕墙的四周环饰有卷叶纹，其笔法酣畅简朴，线条流利劲挺。“童子习字”图案则置于枕面之中。在施有白色护胎釉的枕面上，绘有粗细相间的两条黑色弦纹边线。只见一童子席地坐于池边的坡石上，他头上梳着两角卯发髻，身着交领襦衫长裤，脚蹬履跻，面颊光润饱满，一脸的稚气。童子的身旁置有已研过墨的砚台一方，旁边放有一锭小墨。他右手拿着已蘸满浓墨的毛笔，左手则摊开一纸，皱眉凝思，两目侧视前方，作业习字若有所难的神态在这里被

宋代磁州窑“童子习字”瓷枕

表现得淋漓尽致。画匠于此“作婴儿，深得其貌，而更尽神情”。画面中的儿童给人以“富而不尊，华而不贵，端庄而不妩媚，亲切而不威严”的感觉。一砚，一墨，一纸，一笔，几缕小草，池波涟漪，加上人物自身的形象，使整个画面意境气氛达到了高潮，可谓是妙笔生花。

“童子习字”瓷枕的画面主题虽然是儿童习字的具体形象，但却一反常规习俗，它以空白的纸面和人物紧皱的眉头，从另一个侧面摆脱了当时社会那种“望子成龙”“学而优则仕”之类的说教意味，其情调活泼、欢快、诙谐而亲切。很明显，画匠于此对儿童执笔苦思冥想的无奈行为，不是持贬斥的厌恶的态度，其整个创作也绝不是从封建的礼教出发，而是从世俗的情感出发。瓷枕上的这种表现手法已完全突破了贵族生活的范畴，它与表现纨绔子弟的婴戏内容是大异其趣的。作者把视野和笔触放到一个普普通通的儿童身上，从中展现出画院画家所不曾也不能发现于社会底层的美；正是这类不被封建文人士大夫所重视的风俗小品，才完全表达了市民阶层的日常生活情趣。画面中对纸、笔、墨、砚的安排，虽然是松散的组合，但分明透着一种紧凑和执着。正是这文房四宝，为人们书写了撼天地、泣鬼神的神州巨作，使得中华古老的传统文化得以弘扬光大。

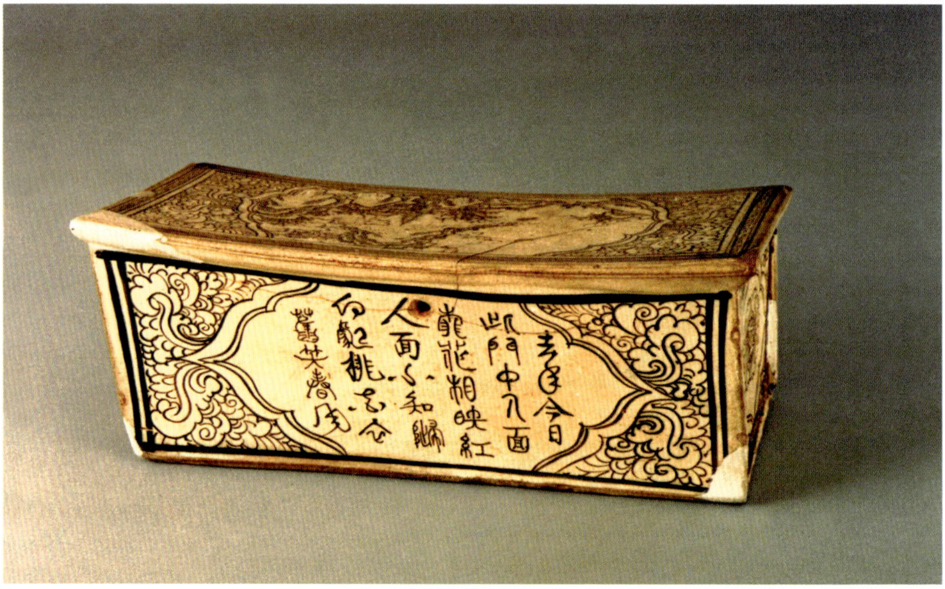

宋代磁州窑山水图长方形枕

说到瓷枕，则让我们一下子回到了千余年前的往事之中，也就不能不再赘述几句。据考，瓷枕在中国最早见于隋代，而后历朝历代均有作品问世。它何以能够成为中国陶瓷艺苑中的一朵奇葩，并为后人研究和追溯人类生活及民俗习惯提供佐证？最根本的原因就在于其自身具有清凉祛热、爽身怡神、驱火明目的作用。瓷枕光洁晶莹，常常被人们用作夏令的寝具。所以无论是“富贵贫贱”，都有喜好者，甚至连皇宫也“多用之”。

宋代磁州窑釉下划花如意形枕

在旅顺博物馆的藏品中，人们还可以见到宋代建窑的黑釉盏，这类器物又被专业人士称为“黑釉兔毫盏”。它造型乖巧，胎质紧密。器物的通体施黑釉，釉层浑厚凝重，釉面光泽剔透，盏壁上多有条状的结晶纹，纤如毫发，就像是兔子身上的毫毛，故被称为“兔毫盏”。据文献记载，中国是世界上种茶、制茶和饮茶最早的国家，真正把茶作为饮料应该是在西汉时期。汉宣帝时的王褒在《僮约》赋中讲到“烹茶尽具”和“武阳买茶”，反映了当时煮茶、卖茶的情

宋代吉州窑洒釉盏

宋代建窑黑釉盏

宋代吉州窑剪纸贴花四凤纹盏

宋代建窑兔毫盏

景。唐宋以后，社会上饮茶风气更盛，已是司空见惯之事。古人饮茶除注重茶叶品质外，对饮茶的用具亦相当讲究，遂有了宋代专门为饮茶而制的黑釉小器。

为什么在宋代饮茶多用黑釉瓷器呢？原来在当时的民间时兴“茶宴”，有“斗茶”的习俗。“斗茶”又名“茗战”，即古人相聚一起品茶。宋代时，人们的饮茶方法是先将茶叶碾成细末，制成半发酵的膏饼。在饮用时，先将膏饼用水搅和研碎，再沏以初沸的开水，水痕先出现者为输，茶末后沉者为赢。“斗茶”先需比色，茶沫愈白，品色愈佳，而黑釉茶盏则更便于衬托出白色的茶沫，易于观察茶色，因而备受斗茶者的喜爱，当时许多文人士大夫的诗文中对此都屡有提及。

宋代建窑黑釉茶具，不但于国内风行一时，在国外如日本也颇受珍视，深受日本从事茶道的人们的喜爱，在今天，日本国民已把历代保存下来的建窑瓷器视为国宝，并且通常还把施有黑釉的陶瓷器称为“天目瓷”。至于“天目瓷”一词的由来，一般认为是由在日本镰仓时代到我国浙江省天目山佛寺留学的日本僧侣们带回去的天目山黑釉瓷碗演化而来。这里，由一只只普通的茶具能够演绎出一段段茶文化，甚至是跨国的茶文化典故来，真是让人顿生万千感慨。

明代初期，由于城市的繁荣和社会的相对安定，加之永乐三年（1405年）至宣德八年（1433年）郑和七下西洋，极大地刺激了社会上对各类手工艺制品的需求，瓷器生产出现了新的局面。在明代瓷器中，青花瓷可谓首屈一指的代表作品，主要

明代青花云纹笔架

明代景德镇青花菱口大盘

以其胎质细腻、釉面光洁、青色浓艳、造型多样、纹饰优美而闻名。所谓青花，是对白地蓝花瓷器的专称。典型的青花瓷系用钴料在瓷器胚胎上直接描绘纹饰，然后施透明釉，在高温中一次性烧成。关于青花瓷起源的时间，历来多有争议。1975年，考古工作者在江苏扬州唐城遗址中发现了唐代的青花瓷碎片，从而证明自唐代起就已出现了青花瓷器，同时结束了这场旷日持久的争论。学者们还通过对青花图案的研究，得出了唐代青花瓷器在当时主要是为了销往中东地区而制造的结论。这种远销国外的贸易瓷器，到了明代更有激增的趋势，其显著特点是：数量大，品种多，质量高，销路广。旅顺博物馆收藏的明永乐年间的青花双耳扁壶就是当时的外销瓷器。青花双耳扁壶壶口为蒜头形，短颈，扁圆腹，圈足外撇，呈扁形喇叭口状，口与腹肩设有圆股状的对称如意耳。人们根据其图案纹饰而称它“青花绶带锦纹双耳扁壶”。此壶的青花纹饰在口、颈、腹部及足部的图案均不相同，注意了图案

明代青花绶带锦纹双耳扁壶

明代青花缠枝莲纹葫芦瓶

间的递进层次关系和对比变化，虚实相生，密疏有序。由于此壶纹饰颇有质感，加之青花色泽的配合，更在一定程度上表现出强烈的立体效果。从图案内容的组合上看，它明显具有阿拉伯民族的艺术色彩，与今天阿拉伯民族地区生产的黄铜器上的纹饰风格如出一辙。这种纹饰的出现，无疑为永乐瓷器的图案装饰风格增添了新的形式和手法，丰富了明代的造瓷艺术。

自唐代开始，青花瓷器就颇受外国人喜爱，当时的瓷器贸易，既有中国商人贩运出国，更有国外商人携图纸来专门定做，这件青花绶带锦纹双耳扁壶就属于这一类作品。从其胎质和风格上看，当属明代景德镇官窑中的作品。据调查，在今天世界上许多国家的博物馆、美术馆中都藏有中国明代的青花瓷器，像日本大阪的东洋陶瓷美术馆、土耳其的伊斯坦布尔博物馆均以收藏中国青花瓷珍品而闻名于世。明代宣德年间的青花瓷器，以胎土精细、釉汁匀净、制作精良、器形多样、青色浓艳、纹样优美而素负盛名。旅顺博物馆中收藏的一件宣德年间青花大盘，似乎更能说明这一点。此盘口沿平折起伏呈菱花形，盘壁凹凸做瓜棱状，通高7.1厘米，口径40.7厘米，圈足径26.5厘米。大盘的胎质洁白细密坚实，图案纹饰为菱式弦纹，隔段为界，大

明代青花缠枝莲纹大盘

清代康熙款黄地紫绿彩双龙盘

致可分为三个层次。第一层次的图案，主要用二方连续的表现手法，描绘出变体缠枝灵芝图案饰于盘的口沿处；第二层次的图案，主要集中于瓜棱腹部的内外壁上，以熟练的没骨技法绘出花卉图案，虽为写意的表现形式，但却笔笔写实，枝枝丰满，有随风摇曳之态；第三层次的图案，则主要集中于盘内底部，表现为一组缠枝莲花纹。技法中枝叶穿插巧妙，布局给人以秀丽妍雅大方之感。此盘作为一件非常成功的艺术作品，其显著的特点主要表现在青花发色苍翠，明艳浑厚，料色透入釉骨，纹饰用笔流畅，花卉图案疏密变化有序。

清代康熙款青花云龙纹盖碗

从青花纹饰色泽变化中可以看出，纹饰所用为当时优质的进口钴料“苏泥勃青”。虽然在大盘的口沿处图案纹饰有晕散的现象，但却表现出强烈的质感，恰似画家在宣纸上作画，颇有意趣。由于釉层晶莹肥厚，致使大盘的整体图案深沉含蓄，给鉴赏者以凝重之感。图案纹饰借助于吉祥花卉表现出祥和幸福、繁荣昌盛的主题。至于大盘的用途，那可真要斟酌一番了。如果是做盛食器皿使用，那当然是会出现在皇家宫中的盛大宴会上了；如果只是用于陈设展示，相信它也只会出现在豪门大宅的厅堂书屋中，以显示出它的华贵和与众不同。从此盘造型非常规整、绝无丝毫瑕疵来看，用于后者的可能性是相当大的。

瓷器中的五彩，是在宋元之际于釉上加彩的基础上发展起来的，明代宣德年间始见成形。五彩瓷器的特点就是以红、黄、绿、蓝、紫等各种彩料，依据图案纹饰的需要，精心绘于釉上，再在窑中以低温焙烧而成。因其不及后世粉彩那样具有柔软感，故又被泛称为“硬彩”。据考，明代五彩成熟于嘉靖年间。万历年间的五彩瓷器，多花纹繁密，鲜艳可爱，釉色填笔简练，舒展自然，往往给人一种浓翠红艳的感觉，成为一代佳品。旅顺博物馆收藏的万历款五彩七格洗可为典型的代表作。

五彩七格洗为卷唇沿，降底呈圆形，无足，折腹，因瓷土淘炼不精，胎质略显粗糙。曲格盘釉色白而泛青灰，盘底有青花楷书六字双行“大明万历年制”款，外加双圈，整个图案纹饰只限于盘内。曲格墙间以青花彩绘双描勾勒，色泽沉稳，盘中心圆格中以红、蓝、绿相结合，描绘了一组繁茂的团菊图案，外沿八个曲格中，依据格间弯曲趋势，以红、黄、绿、蓝为基调，

清代雍正款霁蓝釉玉壶春瓶

清代雍正款鳝鱼黄釉绶带葫芦瓶

明代万历款五彩七格洗

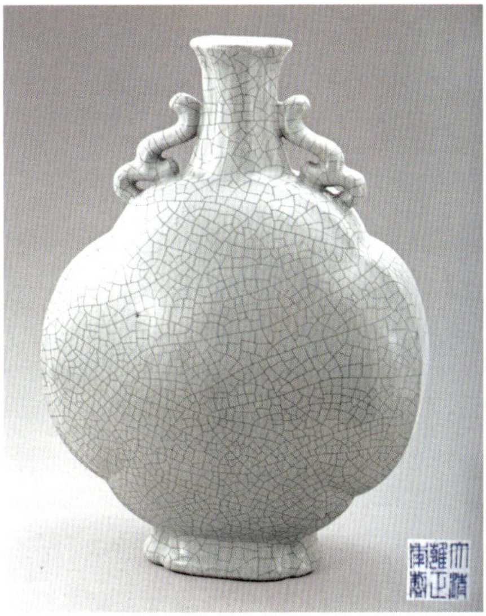

清代雍正款仿哥釉海棠式双耳壶

绘出八朵折枝花卉。在这里，整个图案以中国传统的没骨和勾勒相结合的绘画技法，摆脱了拘谨造作之气，而显得活泼清新，给人以新颖脱俗之感。尤其是盘中央的团菊，花蕊艳颖，花瓣肥厚，层次明了，花叶叶脉纹络清晰，散见于周围曲格中的折枝花卉环绕于团菊之外，起到了排列有序的装饰作用。作品整体上看具有新奇活泼、生趣盎然的艺术特色，特别是其中的红彩呈色浓艳凝重，有着鲜明的时代特点，表现出明代工匠们在瓷绘领域中的杰出成就。

明代万历款五彩鱼藻纹大缸

旅顺博物馆收藏的另一件珍品五彩鱼藻纹大缸，色彩斑斓，浮萍、水草及各种鱼类描绘得栩栩如生，大小鳜鱼上浮下潜，翻身戏水，别有一番情趣。

清代顺治年间以后，制瓷工艺再次形成发展的高峰。景德镇继续保持全国制瓷业中心的地位，大江南北大大小小的制瓷窑口星罗棋布，在制作工艺上可谓登峰造极。同时，在一些器物上还表现出强烈的民族情怀和特点，旅顺博物馆收藏的粉彩象首贲巴瓶就是这样一件作品。

该瓶的造型新颖别致，注口呈台形，颈部收缩变化为节形，圆腹，壶座外撇，象首紧附于壶的腹部，鼻部弯曲上翘形成流口。壶的胎质细腻，图案

清代乾隆款粉彩象首贲巴瓶

清代康熙款釉里三色笔筒

以番莲纹为主，类似于佛教中的八宝（“八宝”即法轮、法螺、宝伞、华盖、宝瓶、鱼、盘长、莲花等，通常是供奉于佛祖或菩萨面前供案上的吉祥器物）图案，线条精细，纹饰奇异。壶身转折处的描金以及壶身色彩的缤纷艳丽，使其于华丽之中彰显富贵。贲巴瓶区别于其他瓶具之处在于其有流口却无执柄。

那何为“贲巴”？它与历史上的“金贲巴制”又是何种关系呢？原来在清乾隆五十七年（1792年），清政府在颁布有关西藏问题的《钦定藏内善后章程二十九条》中，对藏传佛教格鲁派确定转世活佛人选做出规定，即须实行抽签制，又称“金瓶掣签制”。因瓶在藏语中被译为“贲巴”，这种制度亦被称为“金贲巴制”。此种仪轨自公布至今已有200余年的历史，1995年11月，在西藏大昭寺确定十一世班禅转世灵童的佛法活动中，我们仍能见到“金贲巴制”恢宏而庄严的场面。

为什么“金贲巴制”会有如此重大的作用呢？相传佛祖释迦牟尼生平中有用九龙灌顶的事迹；又传，天竺国国王即位时，须以四大海洋之水灌顶以表祝愿。“贲巴”一词，在梵语中又作“军持”之意，在宗教图解中释为“握水瓶”。《庶物异名疏》篇中有记：“梵语军持，一云军迟，此云瓶也。”《大悲心经》中曰：“若为令一切饥渴有情得清凉者，当为甘露手。”故军持瓶又被称为“甘露瓶”，所以，在藏传佛教中贲巴便成为重要的礼仪用器。清乾隆年间，朝廷为加强民族间的团结，遂让官窑大量烧制这种贲巴瓶，以供朝廷赐赠天下喇嘛名寺。旅顺博物馆收藏的粉彩象首贲巴瓶就是这样面世的。

清代雍正款仿哥窑釉胆瓶

在清代，除了具有佛教和民族特色的陶瓷制品外，还生产了大量仿制前朝的物件。比如旅顺博物馆收藏的仿哥窑釉胆瓶就是一例。哥窑是宋代五大名窑之一，所出瓷器受到喜好瓷器者的交口称赞。今日世界各国的艺术博物馆中若没有哥窑的瓷器，那就算不上是一所著名的博物馆。哥窑瓷器的特别之处就在于它的表面上有“开片”，俗称“碎纹”。这些开片或疏或密，纵横交织，大如冰裂纹，小如鱼子粒，就好像是不小心失手

清代乾隆款仿汝釉长颈瓶

清代乾隆款酱釉地仿铜洒金香炉

碰碎似的，又被称为“百圾碎”。关于这种纹饰的来历，民间的传说最为有趣。说是在宋代时有个叫八都的地方，章姓两兄弟各开一窑烧瓷。哥哥的产品销路特别好，生意兴隆；弟弟的产品却一直卖不出去，生意极不景气。弟弟心中暗生闷气，遂有了歹意。一天，他趁哥哥出去卖瓷器，便挑来一担冷水，朝哥哥还余温未散的窑里泼了进去，只听窑里一阵“噼里啪啦”的声响。哥哥回来后，揭窑一看，那本应是光洁晶莹的青瓷表面布满了碎纹。哥哥顿时心如刀绞，伤心地大哭了一场。当他无奈之下挑着这些“碎纹”瓷器到市上叫卖时，不承想被来往的行人抢购一空。传说毕竟是传说，产生这种开片的真正原因，是由于瓷器在窑中逐渐冷却时，自身的胎和表面的釉在收缩过程中不同步，造成了这样一种缺陷，而这种独特的艺术效果又是

清代嘉庆款粉彩描金八宝纹香炉

清代乾隆款油红彩莲花纹甘露瓶

清代乾隆款炉钧釉起弦瓶

人们所始料不及的。可以说，宋代哥窑是第一次利用这种本来是缺陷的开片，给了人们以新的艺术享受。旅顺博物馆的这件清代仿品，小口、长颈、削肩、腹部略显下垂而圆鼓的造型，加上器表面釉质的凝重，釉面的开片纵横交织，这种器物自身的造型与釉色纹饰的结合，使得这件仿哥窑之器在沉稳之中又透出一种俊美之气，可谓仿得逼真，做得精湛。

漫步在旅顺博物馆中，静静地欣赏那些造型各异的瓷器，仿佛徜徉在艺术的海洋里。釉色纹饰的缤纷灿烂，似花般艳丽多彩，似水般清颖透莹，无不强烈地表现出一种对生命的祝福、对生活的礼赞。

在旅顺博物馆的藏品中，竹、木、玉雕及漆器等也给观赏者带来很多愉悦和感动，撩拨起人们无尽的思绪。馆中竹雕制品数量不少，但让人看过一次就难以忘怀的，还数竹雕八仙。说到八仙，他们在中国是家喻户晓、妇孺皆知的人物。关于他们的传说，最早散见于唐宋文人的笔记杂叙之中。到了元代以后，这八人才被人为地会集一堂，演绎出一段段脍炙人口的故事。自八仙

清代竹雕八仙

出现以后，在后人的绘画作品中，以及陶瓷器、漆器、竹雕、木雕、玉雕等工艺美术作品中，都可见到他们不同的艺术形象。

竹雕工艺在中国起源甚早，考古工作者在湖北战国墓中就曾发现一件经过精琢的竹盒。然而作为一门供人们欣赏的艺术，竹雕则成熟于明清两代。这一时期，竹雕名家不仅能够运用各种成熟的技法将筒竹制成形式各样的文房器皿，而且还能够顺应竹根的自然形态，独具匠心地制成新奇百态的人物和动物来。旅顺博物馆收藏的竹雕八仙，就是以竹根的自然弯曲形态，将八位仙人刻画得栩栩如生。八仙中唯一的女性何仙姑，眉清目秀，手执长莲花蕾，婀娜恬雅；张果老怀抱渔鼓筒，慈眉善目，态度谦和；蓝采和手执长笛，面含微笑，充满朝气；钟离权裸露前胸，大腹便便，手执温凉扇，放荡不羁；面貌丑陋的铁拐李，架着铁拐，抱着酒壶，醉意朦胧；曹国舅腰缠玉带，手握玉笏，一派官宦气度；韩湘子手提花篮，憨态可掬；吕洞宾身背阴阳剑，美髯垂胸，潇洒自如。八仙人物个个宽衣大袖，鬓发纤细，罗罗清疏，或前躬，或侧语，神态宛然。看到这组人物，你会想，他们这是渡海前的嬉戏，还是渡海后的彼此问候？他们轻松的面容和舒展的姿态表明，这是一次仙人们欢快的聚会。

看过“八仙”，我们再来欣赏一件竹雕笔筒。笔筒选材为多年生的老竹，色泽黄中泛红，显出厚重和沉稳。首先映入眼帘的是：在山峦峭壁、苍松翠柏的掩映下，两骑从远处的深谷中疾奔穿出，骏骑虽有倦意，但驭者伏鞍策马，手举小旗，情绪非常振奋，看来是急于向远方传递重要的信息。在笔筒的另一侧，表现的是在曲径幽深的绿荫之下，三位长者围着石桌相对或坐或立，桌上有一棋盘，落子稀疏可数，长者旁边有两位还带着稚气的书

清代竹雕《东山报捷图》笔筒

明代竹雕渔翁

童。竹雕笔筒画面所展示的内容是一段脍炙人口的历史故事——“淝水之战，东山报捷”。据史书记载：当驿书报捷时，东晋宰相谢安正在东山与客对弈，“了无喜色，对弈如故”。竹雕虽然舍去了战场上激烈厮杀的场面，但却以报捷的两骑和谢安悠然自得地对弈表现了谢安运筹帷幄的沉着和自信。

竹雕艺术品除了大量借用历史故事、神话传说题材外，渔翁、樵夫的形象亦逐渐成为主流，这些内容的作品在讲究刀法与气韵的同时，以写实的手法追求艺术表现力，给人以意境甚佳的感觉。像旅顺博物馆收藏的竹雕渔翁，整个造型以艺术中最常见的美感元素——弯曲动势，着意刻画了一老渔翁的形象。他发髻高挽，五官端庄，面颊颧骨突显，浓须飘拂，长衫披身，衣褶流畅。渔翁双手紧倚一鱼篓，右手提着一条肥硕的大鱼紧贴于篓外。作品突出刻画了老者风吹日晒的脸庞，以及那双搏沙击浪略有些粗糙的大手和赤足，通过细腻的写实刀法，表现出渔翁强健的体魄及生活的坎坷。从他双目透出的一丝凄凉和张口呐喊的动势中，我们似乎能够感觉到渔翁晚年“篮内河鱼换酒钱，芦花被里醉孤眠”的艰辛。

旅顺博物馆收藏的另一件渔翁题材作品是明代的木雕，作品的主人是何士谦。这件作品的风格和人物的形象与竹雕完全不同。渔翁头戴网巾，身着襟衫，裤脚高挽，足蹬草鞋，坐于礁石之上，一根渔竿横放于脚下，并有一线相连。渔翁右手握着一条大鱼，左手置于鱼嘴处，做摘钩的动作。而那条落入渔翁手中的大鱼则鱼尾翻动，急欲脱逃。老渔翁的右侧置一扁圆的鱼篓，左侧是一堆不甚规则的礁石，见棱见角。礁石上刻有楷书小诗一首：

明代木雕渔翁

“寻山复寻水，非和亦非鱼。投却钓竿起，白云何处居？”署款“士谦”，其下有阴刻印章“怡”“仙”二方。其实人们在观赏这件木雕时，可以明显地感到老渔翁平静而轻松的心情，那是一种“纶竿蓑笠是生涯”的散淡与安谧。

还有一件根雕寿星，也值得一说。说到寿星，在中国民间可谓老少皆知。《尔雅·释天》载：“寿星，角亢也。”角、亢二宿是二十八宿中东方苍龙七宿中的头两宿。因此，又有“数起角亢，列宿之长，故曰寿”之解释。《史记·封禅书》则记：“寿星，盖南极老人星也，见则天下理安，故祠之，以祈福寿。”这种星宿崇拜，到了东汉时期又与敬老活动结合了起来。史籍中记载：在每年的仲秋之月（即农历八月），“祀老人星于国都老八庙”。同时，对全国进入古稀之年（七十岁）的老人授以王杖，哺以糜粥，八十、九十礼有加赐。后来，寿星便走进了千家万户，备受青睐，或挂于墙上，或立于案头。不过此时此刻的他，已不再是星宿了，而是一位老翁，即南极仙翁，浓重的神仙气息早已荡然无存，留下的只有人的神韵和风采。旅顺博物馆收藏的根雕寿星系明代作品，通高为60.5厘米。取材于老树的根部，雕琢部分主要集中在寿星的首部及双手上。经过艺术加工，寿星额广目睁，颧骨突出，慈眉悦目，髯须飘逸，长至胸际。他一手执一藤杖（王杖），一手托一仙桃，温和敦厚，精神矍铄。老寿星的躯体依树根的自然形态造型，难寻刀刻斧斫之痕。那些恰到好处的树疖瘢痕，更增添了几分古朴之意。作者精心选材，巧妙构思，穷工极致，令人赞叹不已。

明代根雕寿星

在旅顺博物馆收藏的根雕中，还有一件被称为“云峰镂胜”的作品。这件艺术品打动人心之处，就在于作者慧眼识材，取一老树的根部，借助于它自身突兀的造型，以娴熟的刀法和深厚的功力，使一幅绝妙的风景小品宛然入目，可谓是一件化腐朽为神奇的力作。

在这件作品上，作者仿佛借用了文人之笔娓娓叙来，显得异常从容。在盈尺之间，重峦叠嶂，逶迤起伏；林间花木葱郁繁茂，艳若绮绣；小径石路，千级盘绕，弯曲回肠；山溪瀑布犹似石峡漱玉，倾泻铺珠；亭台阁刹，萦抱屏立，掩映于群峦之中。作品在不经意间，透出一缕空翠的烟岚，一丝蒙蒙的雾霭。在作者的雕刻技法之下，每置一物都可自成一景，而在整体的构图形式上又能彼此关照，呼应其他。如山巅的宝塔有着“一览众山小”的制高之功，山下的禅刹则有偎水相依之奇。更妙的是一面山之缺口，自然天成，如同打开了一面明镜。视野中虽无实景可寻，然其周围的景色分明表现出在远方还有堤柳田畦及时隐时现的村舍。这种“此处无声胜有声”的“借景”处理方法是此根雕的又一不同凡响之处。在根雕的背部，有明代后期著名书画家倪元璐的题诗一首：“以栋梁材，作山林想。云峰缥缈，不可言状。出岫为霖，万物滋长。百岁树人，贡王庭上。功成采芝，抱琴来访。请以斯言，借作息壤。”作者于诗中借物生情，以情融理，抒发了自己的一番感慨。

明代根雕《云峰镂胜》

在“云峰镂胜”这件作品上，那些神奇的组合恰恰是实践了“大都山之姿态，得树而妍，山之骨格，得石而苍，山之营卫，得水而活”的艺术箴言。细细地品味这一作品，再来吟诵倪元璐的诗句，既让人神往那深山峻峭的风采，也让人惆怅这流水的年华。

在各种雕刻作品中，似乎人们最为认可的还是

清代碧玉狮子镇

那些来自古代的玉雕，因为它往往给人一种山川之精英、人文之精美的感觉。山川之精英，讲的是玉自身的材质之美。每一件玉器，人们在欣赏之中都要弄清它是角闪石还是翠玉，或者是绿松石，或者是玛瑙等。人文之精美，则是指玉器的造型和雕琢的技法。由于历代玉材的不同、琢玉的工具和技巧的不同，加上工匠们自身审美情趣和风俗习惯的不同、玉器的用途和角色上的不同，玉器的造型及风格可谓千姿百态。

明清是玉器生产的鼎盛时期，其玉质之美、琢工之精、器形之丰、作品之多、使用之广，都是前所未有的。明清的玉器借鉴了绘画、雕刻等工艺的表现手法，吸取传统的阳线、阴线、平凸、隐起、起凸、镂空、立体、俏色烧古等多种琢玉工艺，融会贯通，综合应用，使其作品达到炉火纯青的艺术境界。这里向读者介绍两件清代玉器。旅顺博物馆所收藏的玉器中，有多件玉雕山子。所谓山子，即是假山。玉雕山子，乃是玉工在采取到玉璞后，首先剥去它表面的玉皮，然后再依照玉石的形式，雕出山形，其中不乏树木、楼阁亭台、人物等许多内容。在中国的玉雕山子中最为著名的当属《会昌九老图》玉山子和《大禹治水图》玉山子。前者通高145厘米，重约800公斤；后者通高224厘米，重约5000公斤。如此之大的玉山子，只能是伫立室外，

清代玉石配饰

清代白玉童子戏象

成为庭院中的一景，而更多的玲珑小器则可置于案头书阁之上，供人时时鉴赏。旅顺博物馆收藏的碧玉《三阳开泰》山子，即是一件柔润绮丽的案头陈设佳作。此山子通体呈墨绿色，玉工依玉料的外形，运用了凸、透、平雕等多种技法，按高低远近的比例，雕出花草树木、山涧溪水。只见此山子中，艳阳高照，山峦起伏，松木参天，石桥巧作，流水潺潺，平敞的草甸台地上有三只乖巧的绵羊缓缓而行。通览之下，宛如一幅大家手笔下的山水图，一派祥和温馨的气息。

《易经》称十月为坤卦，纯阴之象。十一月为复卦，一阳生于下。十二月为临卦，二阳生于下。正月为泰卦，三阳生于下。说的是冬去春来，阴消阳长，有着吉祥之象。故古人常以“三阳开泰”为岁首称颂之辞。《宋史》有言：“三阳交泰，日新惟良。”在历史文物的图案中，人们把三阳开泰的寓意予以创造性表述，取羊为阳，以三只温顺的羊

清代碧玉《三阳开泰》山子

清代青玉《山间行旅图》

清代青玉描金兽面纹贯耳盖瓶

清代翡翠兽耳活环盖瓶

来借指“三阳”，表达对生活的吉祥祈盼之情，愈发生动和谐。

在中国传统的语言中有这样两句成语广为流传：“瑕不掩瑜”和“瑕瑜互见”。其实，自古以来，在精美的玉器制品上出现意想不到的“瑕”均是让人扫兴之事。如何让“瑕”与“瑜”在同一件作品中相映生辉，且能变“瑕”为“瑜”，就是玉雕工匠们孜孜以求的目标，因而在玉雕中就有了“俏色玉雕”之说。所谓的俏色玉雕，是指原本在一块玉中兼有两种以上的色泽，分布散晕，难以成器，这就需要由经验丰富的玉雕匠师，根据玉材的自然色泽纹理，注意审视质感，进行非常巧妙的构思，加以设计创作，施以适合玉材的雕琢，使作品的造型与颜色达到完美的艺术效果。旅顺博物馆就收藏有几件明清的俏色玉雕作品，其中最精彩者当属白玉俏色双犬。

白玉俏色双犬，系玉工依材质构思创作的一大一小两只卧犬。大犬双目圆睁，头部紧踞于前双足上，尾巴则紧贴于一侧的臀部微举上翘，身上的黑斑有浓有淡，形成大小不等的块面。这完完全全就是一只憨态可掬的花斑狗。而在其身上则卧着一只全身大部分呈黑色的幼犬，两耳向后紧贴颈部，

明代白玉俏色双犬

吻部微上翘，表现出内心似乎有些惊恐。这一大一小两犬显然是母子，其神态刻画得入木三分。情节虽然简单，刀法亦不繁复，然这对俏色玉犬的不同神情和黑白反差，以及作品高不足4厘米、宽不过5厘米、全长仅10厘米的玲珑小巧，着实令人啧啧称奇。它还告诉人们，一块好的俏色玉材，一定要色泽典雅，纹理清晰，层次分明，对比强烈。

在人类社会的历史上，最早发现并使用天然漆的是中国人。考古发现证明，早在六七千年前的浙江河姆渡文化中，我们的祖先就已能制作漆器了。到了战国时代，漆器的优良特性越来越被人们所认识和掌握，它轻盈、坚固、耐酸、抗腐，外形灵活多变，装饰亦能花样翻新，遂在许多领域中逐渐取代了青铜器皿，形成了中国古代漆器制作工艺上的第一个高峰。漆器工艺品在明代已经成为社会上较为流行的艺术品，精品不胜枚举。旅顺博物馆收藏的永乐年间的雕漆牡丹纹圆盒，就是明代初期漆器的代表作之一。雕漆，是漆器装饰工艺的一种表现技法，它是在以木或其他质地为胎的器物上用单一色泽或不同色彩的漆进行涂饰，涂一层阴干后再涂一层，如此反复，少则几十层，多则几百层，直到雕漆所需要的厚度适宜为止，然后在漆上根据设计要求雕刻出花纹图案。雕漆色彩多有不同，有剔红、剔黄、剔黑、剔犀等多种名目。旅顺博物馆所藏的这件雕漆牡丹纹圆盒通体为红色，因而又称“剔红牡丹纹圆盒”。从工艺上看，此盒表面上的漆层有近百层，盒面及周围的边墙，以硕大的花朵及初绽的花蕾组成了一组华丽异常的喜庆富贵图案。画面中，花卉枝叶相互掩映，穿枝过梗，布局繁密而不留空间，没有衬

明代剔红牡丹纹圆盒

清代剔红开光山水圆盒

清代乾隆彩漆云龙纹碗

清代乾隆彩漆描金“佛日常明”盘

地，一切都给人一种饱满肥厚的感觉。这件雕漆牡丹纹圆盒色彩深红，古朴深沉，显得格外醒目，有一种“艳丽色殊众”“漆本有真情”的艺术氛围。

欣赏剔红之后，我们再了解一下剔犀工艺。在汉代以前，漆器的基本色调几乎一律为“朱画其内”“墨染其外”，十分醒目。在漆器工艺中，黑色能够给人以沉寂的感觉，红色又能似火焰般恣意撩人，从而使器物的色彩在对比中构成了层次上的变化，产生出别具一格的装饰效果和魅力。同时，从美学的角度出发，黑、红二色一冷一暖，一静一动，相间搭配，刚柔互济，使整个漆器具备了典雅、淳朴、富丽、庄重的品格。正因为古人对红、黑二色的厚爱和理解，从而在漆器雕刻领域创造性地将其融于一器之中，发明

清代剔犀云纹长方盒

清代剔犀云纹长方盘

了剔犀工艺。据考证，剔犀工艺的出现，最迟不会晚于唐代，元代是它的鼎盛期，清代较之元代则大为逊色了。旅顺博物馆所藏的剔犀漆器虽为清代之物，却仍呈现出迷人的风采。

剔犀工艺的具体做法是：在漆器的胎骨上，以红、黑二色轮番有规律地交替刷漆，在积累到一定的厚度后，用剔刀剔刻出花纹，这样在刀口断面上所显现出的色泽会与犀牛皮横切面极为相似，故称“剔犀”。目前所能见到的剔犀作品，雕刻图案以云纹和回纹为主。如旅顺博物馆所藏的清代剔犀云纹长方盒，就通身雕刻出如意云纹。它是在木胎上用朱、黑漆分层相间漆刷上百遍后，才施刀剔刻的，漆层显得丰厚肥腴，漆色明亮晶莹，刀法深峻圆润。在花纹的边缘处丝毫未见有刀锋之痕，工艺如此精致，反映出清代剔犀的特殊风格来。

在漆器工艺的百花园中，螺钿工艺可算是一朵瑰丽的奇葩。在那寸尺之间，它的色彩似彩虹般变幻无穷，闪烁着绚丽的光彩，让人心醉。所谓的螺钿工艺，即利用蚌壳的薄片制成人物、花草、鸟兽等形象，镶嵌于漆器上的一种装饰工艺。它的制作方法是先在胎上刷上漆灰，胶粘麻布，再用漆灰打磨后髹饰黑漆。根据图案纹饰的需要嵌贴蚌壳的薄片，再于其上髹饰多层的黑漆。待漆干后，进行打磨，使蚌壳薄片的图案与黑漆融为一体，显现出来。据称这种工艺早在中国的周朝时就颇为流行，唐朝时已达到很高的艺术水准。

螺钿按其材料的厚薄一般分为厚螺钿和薄螺钿。厚螺钿是由质地较厚

清代银胎螺钿黑漆碗

清代螺钿八宝圆角方盒

清代螺钿人物楼阁小方盘

实、色彩单一且不很浓艳的贝壳制成，常用的钿片厚度为0.5毫米至2毫米，又称硬螺钿。薄螺钿则是采用虹彩浓艳的鲍鱼壳制成，它多具有美丽动人的珍珠光泽，在受到光线的照射时更是五彩纷呈，闪烁变化，绚烂异常。它的材料厚度通常在0.5毫米以下，尤以0.1毫米至0.2毫米为多，又称软螺钿。在旅顺博物馆收藏的螺钿工艺品中，有一套清代初年的软螺钿人物楼阁小方盘，精美绝伦，且内容各异。

其中一盘为亚矩形，图案内容为一片湖光山色。虽然仅是一幅小景，但是匠人精镂细刻。图中山峦叠嶂，绵延起伏，拼铺出层层鳞片，彰显出苍郁斑驳；花木枝叶变化万千，劲茁葱郁；湖边屋宇傲波而立，泓水波光纤细如丝。纵览之余，顿觉浩渺辽阔，极目无限，含有豪迈清俊之气。在这里，匠人以特殊的工艺形式来寄情于山水，托颂于草木，抒发自己的清新之思，遂形成一种山清水秀的俊逸之美。这正是：山明水净两相知，花草树木出郁黄。遥望天际不知处，漆盘艳润见碧霄。

在旅顺博物馆的藏品中，还有一种造型各异的文房用具——砚台。关于砚，汉代刘熙在他的《释名》一书中说："砚者研也，研墨使和濡也。"可见在秦汉之时，研墨的砚已为大众所广泛使用。但从考古发现的实物来看，原始的石砚出现更早。新石器时代，人们就已能使用研磨器研制颜料，绘制

甘井子区营城子出土汉代石板黛砚

图案，在大连大嘴子遗址中，考古工作者就已发现带有红、白颜料的石砚二方。到了汉代以后，砚的种类明显增多，有石砚、陶砚、铜砚、漆砚等。在大连多处汉代墓葬中曾发现一种特制的“黛砚”，这种砚造型相当简单，就是一块呈长方形的平板石块，附一方砚石。原来，中国的女性历来讲究仪容，注重美感，早在古代就已经拥有和使用美容化妆品了，成书于2000多年前的典籍中就有“脂、泽、粉、黛”的称谓。脂者，主要是指胭脂，专用以点唇饰颊；泽者，又多被唤为香泽，往往用以润发；粉者，为米粉和铅粉融以香精合成，专门用于敷面；黛者，即指一种青黑色的颜料，专门用以画眉。画眉要有专门的工具，因此在中国历史上的砚族大家庭中就出现了一个特殊的门类——黛砚。今天看到这方黛砚，联想到古时妇女于铜镜前细描淡抹的专注神情，闺阁女儿的靓丽姿容便会一点点地浮现在眼前吧……

在旅顺博物馆的藏砚中，有一方辽代三彩陶砚，它的造型呈八角形。砚面的边缘为竹节花边，砚唇呈如意云头形，砚额周围刻印有如意云纹，砚岗一侧略高，逐渐慢坡斜下，墨池紧紧依附于砚唇之下。砚堂无釉，用放大镜可隐约见到研磨的痕迹及残留在砚堂空隙中的墨迹。陶砚的砚壁八面以绿、褐、黄等色排列，图案的主题为荒原大漠中的毡包。据典籍记载，“包”是满语“家”或“房”的意思，古时又称“穹庐”“毡帐”“毡包”。《黑龙江外纪》中说：“穹庐叫‘蒙古博’，俗称‘博’为‘包’。”蒙古包由来已久，汉李陵《答苏武书》中的“韦鞲毳幕”指的就是这种住所。北方草原民族毡包的支柱多用直径一寸左右的木棍和骆驼毛绳联结而成，先编成网眼状，再将几块连成圆形，用时拉开就成了毡包的墙，屋顶与房墙之间有屋杆做支撑，俨然是一副完整的屋架。毡包的外面覆以羊毛毡，用毛绳交叉绑紧，再在毛毡的外面加盖一层白色帆布。若悬挂一些装饰物件，则更为美观，像是点缀在大漠荒原上的颗颗珍珠。毡包的木门一般朝南或东南方向。上端是用椽木架成的伞骨形圆顶，顶的中央留有天窗，既可出烟通气，又可透光。从这方三彩陶砚的图案中可以看出，匠人采取了一种写实的手法，非常形象地再现了大漠毡包的样貌。

辽代三彩陶砚

三彩陶砚，即低温铅釉陶砚，始创于唐代。而当唐三彩在中原地区逐渐走向没落的时候，这一工艺却在辽代于东北一带盛行起来。1939年，在内蒙古巴林左旗四方城的辽墓中曾出土过一方三彩陶砚，砚体印花，砚表挂粉衣，并饰有白、黄、绿三彩釉，光色鲜艳。旅顺博物馆所藏的辽代三彩陶砚构思新颖，境界清新，毫无富贵之气，表现出大漠荒原上浓浓的民族生活气息，作品风格似可用“俊秀”二字加以概括。三彩陶砚以中国传统的周易八卦方阵布局造型，体现了四时推移、八节变化和万物生长的流行周期以及阴阳互存互限、五行相生的规律。其造型象征天地浑然一体，可谓取天地之灵气，抒人间之亲情。从这件陶砚的造型和纹饰中，我们可以看到中原文化和契丹文化的交融，中原文化影响下的契丹民族生活的内涵，在三彩陶砚中得到了淋漓尽致的表达。

旅顺博物馆收藏的一方明代歙石抄手砚，是同类石质作品中的上佳之作。此砚砚石呈青色，造型古朴，线条轮廓简洁明了。砚面上布满了大小不等的金银星晕，或隐或现；砚堂微凹，砚池为一长条形，砚唇以直线剔刻

明代歙石抄手砚

明代云日抄手砚

出，砚额则略宽于砚唇。此方石砚无更多的图案纹饰，显得憨厚自然，落落大方，细细观之，一种赏心悦目之感油然而生。在石砚的右壁有阴刻砚铭一段："故云矜也，廉居先生云诏耶。磨而不研，君子以云。"署款为"右砚铭"，下附有一方阴文刻章"赵氏雅圭"。此段砚铭刀工苍劲有力，显然不受"笔笔中锋"的制约，而以侧锋取势，真乃钢刀斫木，丰腴劲健。细细品来，其以字形显现，刀法在手，笔意在心，足见治砚者功力之深厚。赵雅圭，尚未见史书典籍中有记，不得而知。但细观砚铭，虽不足二十个字，语意不可谓不深，字句不可谓不精。

"磨而不研，君子以云"，立意取自《诗经·卫风·淇奥》篇中的"有匪君子，如切如磋，如琢如磨"和唐代韩黎《送灵师》诗中的"材调真可惜，朱丹在磨研"。全句意为：治学如不揣摩思考，即使有才德之人也同天空中的行云一样。既然为矜者，就应广告天下之众，又何能于治学之中而不思不琢呢？常言道，诗言志，而砚铭更是如此。抒豪情，策人行，正是古来治砚者良苦之计。

在诸多的藏砚中，最令笔者感兴趣的还是清代凤栖梧端砚。此砚系清代早期佚名作品，为端溪老坑水归洞坑砚石。石砚质地细润如玉，外观为青灰色，微带暗红，夹有紫色。击之可发出"笃笃"之木声，用嘴轻轻一呵，砚堂处即刻湿润了。

"家有梧桐树，引得凤凰来"，这已是一个古老的话题，天下不知有多少文人墨客为之提笔疾书，以示飞鸿巨述，可到头来总有些略带藻饰，微显故实；虽有骈四俪六，华彩艳耀，对仗工整，音调铿锵，却仍显得稍逊风骚。然而凤栖梧端砚的作者虽亦是以此为题材，但不拘俗套，鬼斧神工，为世人展现出一番"山空人静，独往会心"的境界。此端砚犹如文人笔下的文章，字斟句酌，出语不凡；构思新奇，境界清新。在这里不见堆砌辞藻，更无富贵的豪宅之气，有的只是一丝乡间郊野的趣味，耐人咀嚼回味。请看，那蜿蜒起伏的山坳，在治砚工匠的刀锋之下，就仿佛是苍龙之皮，层层鳞起，嵯峨蓊郁，展示出了山峦的遒劲气势与苍茫起伏的雄姿。其间芳草萋萋，红叶委地，离离葳蕤。山坳中一株梧桐古树，铁干虬蜷，高大参天，肥硕的枝叶遮天蔽日，充满了翠色和绿意。与梧桐树相对的是一只呈金鸡独立式的凤凰，长尾飘逸拖曳，浑身羽毛斑斓，鹦嘴缨冠，侧目回首，注视着大自然那幽静的空间。砚堂开于梧桐树与凤凰之间，其位置得体，大小适度，

清代凤栖梧端砚

清代凤栖梧端砚底部浮雕图

使树与凤凰遥遥相对，显得平衡匀称。这真是即声即色而又无声无色，充满了幸福祥和的气氛。在这里，石砚面上图案和主题的处理，正是作者所追求的那种孤寂与清高、幽冷与空冥的美学格调。

在这方石砚的底部，作者以浅浮雕的手法，刻画了老者撑一叶扁舟于湖上的情景。湖水平展辽远，浩渺无际，水天相接。湖上围栏，曲折凄清，由近而远。这里既无太阳，也无月亮，然而就是那一面湖水，对于欣赏者来说又何尝不是银光朗映，似万顷琉璃，又如一郊晴雪，横绝太虚呢？在那微风之中，芦苇婆娑轻扬。老者弓身撑篙，一叶扁舟，缓缓策行。湖面在竹篙举落之间不时泛起阵阵涟漪。不知这里的策舟老者是指范蠡“乃乘扁舟浮于江湖”呢，还是借苏轼《前赤壁赋》中所写的“驾一叶之扁舟，举匏樽以相属”带有辞官归隐之意呢？总之，我们从老者紧蹙的额纹和寒噤的面容之中，似乎完全可以寻觅到其年华付水、岁月蹉跎、书剑飘零、仕官无成的生涯。

凤栖梧端砚虽只有寸尺之盈，然而在作者的手中却以流畅自然的表现手法，连接起了一条平缓有序、富有情节的抒情线，推出了一个又一个纯朴祥和的风景画面，恰似天空的行云，自由舒卷；又像是一条小溪，顺势而流。这里没有城市的喧嚣，没有人间的纷争，没有外界的纷扰，只有大自然的宁静、山水花鸟树木的生机。作者在这里苦思经营、精雕细琢的图案，无不精当曼妙、尽意尽美，跳动着作者的脉搏，回旋着诗人的声音，震荡着作者的灵魂。真情可感，性灵可见，这一切正是凤栖梧端砚如烟如雪，撩人思绪之所在。

在旅顺博物馆的藏品中，还有一项特殊的内容，那就是中国古代的佛教造像艺术品。一般来说，要欣赏到这类艺术品，人们往往需要不畏辛劳的勇气，做一番长途跋涉之旅，奔龙门，走大同，上名山，入寺院，方得一见尊容。旅顺博物馆的藏品恰恰能够给人们提供方便，让人们在艺术的殿堂中，尽情地遨游和畅想。

佛教被誉为世界三大宗教之一。它起源于古代印度，创始人是释迦牟尼。释迦牟尼原名悉达多，姓乔答摩，释迦为种族之名。释迦牟尼是佛教徒对他的尊称，意为释迦族的圣人。其生卒年一说为公元前565年至公元前486年，大致与中国的孔子同期。他原是古印度北部迦毗罗卫国净饭王的儿子，其父因其天资聪慧，相貌奇伟，对他寄予很大的期望，希望他能继承王位，成为一个转轮王（统一天下的君主）。但是，他却放弃了王宫的安逸生活，

北齐铜双观音立像

唐代石雕观音头像

离开了妻子，毅然决然地走上了出家的道路。他所创立的教义最基本的内容是：人生就是苦，只有断绝一切人世的感情和欲望，才能断绝苦根，进而达到“涅槃”（即凡身死去，灵魂升到“天国”）的境界。

关于佛教最初传入中国的具体年代，目前尚很难确定，史学界亦是众说纷纭。一般认为：西汉哀帝元寿元年（公元前2年），有大月氏国（原居住在中国甘肃的一个强盛的少数民族西迁中亚后建立的国家）国王的使者到了当时中国的长安（今西安），口授佛经给一个叫

北魏石雕佛头残像

明代木刻枕龛佛像

景卢的博士弟子，这就是被部分人认可的佛教传入中国的开始。也有人认为：汉明帝于永平七年（64年）的一个夜里梦见有金人飞行在殿庭之中，为其指点迷津。明帝醒来后，便派遣使者十二人前往西域访求佛法。永平十年（67年），这些使者带两位印度僧人迦叶摩腾和竺法兰回到洛阳，带回大量的经书和佛像，次年在洛阳建造了中国第一座佛教寺院——白马寺。据说这里因为当时驮载经书、佛像的白马而得名。总之，佛教传入中国的初期是以佛教经典的翻译为主。到了魏晋南北朝时期，佛教寺院逐渐建立，佛教思想也逐渐与中国固有的儒家、道家学说相互影响，又相互抗衡，开始走向独立发展的道路。一时间，佛徒众多，寺塔遍地，举世闻名的佛教石窟艺术，如敦煌、云冈、龙门等地的雕塑和壁画，都是此时期开始创作的。由此而来，人们看到，在中国这一广袤的国度里，佛像雕塑数量之广，形式之丰富多彩，构思之精巧奇妙，艺术造诣之高，堪称中国文化中的又一精彩门类。

北魏石雕菩萨头像

在众多的佛造像中，人们看到最多的是释迦牟尼的雕像。在这类造像中，我们可以感觉到匠师们往往把对人体、线条以及精神气质的审美理想集中到释迦牟尼身上，以表现出真、善、德、福、神、妙、常、乐、净、定、慧、明等人间美好的愿望。因此，释迦牟尼的造像多是满头蓝色卷发（螺髻），双目微开，额上有一圆点（白毫），面相丰满，慈善和睦且庄重静穆，身披袈裟，赤脚盘腿而坐，双手或做说法印，或做禅定印，或做降魔印。旅顺博物馆收藏的释迦牟尼造像，其艺术风格和特点已经彻底摆脱了早期佛陀的那种身披厚重通肩袈裟、表情庄严肃穆的形象，其身材均匀，比例合度，上身半裸，披有帔帛，衣褶紧贴身体，好像是穿着薄薄的丝绸之衣，刚从水中走出来似的，但衣褶的线条却是劲健有力，毫无柔和之感。释迦牟尼的面相方圆清秀，螺髻下有着宽阔的额头，其间饰有白毫，鼻梁俊俏，弯眉细眼，细秀的人中下，有着杏仁小口，嘴角微翘，带有一丝微笑。整个造像神情恬淡俊秀，给人以神圣纯真的美感。这种永恒的微笑，似乎象征着古代希腊、印度、中国三方文明的融合，并且于此成功地再现和发扬了中国民族雕像艺术的风格和气派。旅顺博物馆藏的释迦牟尼造像，其左手横放在左脚上，名为“定印”，表示禅定的意思；右手直伸下垂，名为“触地印”。这种造像形式在佛教中表示释迦牟尼在成道前为了众生宁愿牺牲自己，这一切唯有大地才能够证明，因为这些都是他在大地上做的事。因而这种造像形式又被尊称为“释迦牟尼成道相”。

唐代石雕三尊雕像

不容否认，释迦牟尼作为宗教世界中精神崇拜的对象，从他诞生的那天起，就使千百万不同肤色、不同民族的人们拜倒、匍匐在其脚下。他作为宗教美术创作的重要主题，展现在我们面前的将永远是一个色流卷涌、造型卓绝、生命跃动、姿态美妙的艺术形象。他会沉甸甸地出现在人们的视野里，

清代释迦牟尼鎏金铜坐像

镌刻于人们的梦幻中。

旅顺博物馆还收藏有体积庞大的四尊泥塑彩绘天王像，俗称“四大天王像”。这四尊天王像，身材高大魁梧，虬须怒目，一副天将的英姿。四大天王分别为“东方持国天王”“南方增长天王”“西方广目天王”“北方多闻

清代泥塑彩绘四大天王像

天王”。据佛典记载，这四位天王在佛界中各管一方，“统御诸神令其不敢肆虐”，因而他们通常作为护法神而被人们塑于佛寺的寺门两侧。看到四大天王威风凛凛的样子，我们完全可以想象到，他们色彩艳丽地组合于寺庙殿堂之上，为那香烟缭绕的佛门殿堂增添了不少威势。中国的黎民百姓更是根据四大天王手中所持有的锏锏、琵琶、华伞、青蛇，习惯地称他们为“风调雨顺”，这反映出人们对五谷丰登、升平乐世的祈求和向往。

如果说旅顺博物馆收藏的四大天王像使人望而生畏，那么这里收藏的其他菩萨造像则更多给人以慈祥和温馨的感觉。比如馆藏宋代木雕提瓶观音像，发髻高束，袒露胸背，赤裸双脚，披帛从肩而下，飘垂于腰间，几重璎珞花饰环绕于胸前，并饰有臂钏，一手向上弯曲，面颊丰腴而展露出温馨的微笑，宛如一尊踏云乘风、翩然而至的“东方维纳斯”。

宋代木雕提瓶观音像

宋代木雕观音头像

清代石雕罗汉像

在旅顺博物馆，人们还可以看到佛教中的另外一种人物——罗汉。依据佛经之说，罗汉是以乞讨过活的“初等圣人”，因此，他们多被塑造得骨瘦如柴。馆藏六尊罗汉像也同样没有超出这种定式，只是因年龄的差异，其表情、动作各有所不同。这里有挖耳屎者，有心事重重、一筹莫展者，有欲打喷嚏者，也有优哉游哉、闭目养神者。细细地品味，他们个个均能呼之欲出，问之欲答。

大肚弥勒佛是佛教造像中中国化了的典型形象。传说中国的农历春节正是大肚弥勒佛的生日，因此人们也更多地把大肚弥勒佛刻画成欢天喜地的形象。而以大肚弥勒佛为题材的楹联就更是寓意无穷。北京潭柘寺的楹联是：“大肚能容，容天下难容之事；开口便笑，笑世间可笑之人。”福建福州涌泉寺的楹联是：“日日携空布袋，少米无钱，却剩得大肚宽肠，不知众檀越，信心时用何物供养？年年坐冷山门，接张待李，总见他欢天喜地，请问这头陀，得意处是甚么来由？”浙江宁波天童寺的楹联是：“深具慈忍力，大肚能容，容天下难容诸事；广结欢喜缘，满腮含笑，笑世间可笑之人。”云南昆明华亭寺中的楹联是：“一水抱城西，烟霭有无，拄杖僧归苍茫外；

清代木雕弥勒佛像

群峰朝阁下，雨晴浓淡，倚栏人在画图中。”浙江普陀山普陀寺的楹联是：“慈颜含笑笑天下可笑之人，大腹可容容世间难容之事。”四川峨眉山报国寺中的楹联是：“看他蟠腹欢颜，却原是菩萨化相；愿尔清心滤尘，好去睹金顶祥光。”浙江杭州灵隐寺中的楹联是：“说法现身容大度，救人出世尽欢颜。”这里所言的大肚弥勒佛，就是人们常见的一胖和尚，袒胸露腹，或箕踞而坐，或直立而行。大肚子滚圆凸出，极为醒目，是他最为突出的形象。其实这位胖和尚绝非杜撰，历史上实有其人，且为中国人。他就是布袋和尚契此。契此生活在中国唐末五代的后梁时期，又号长汀子布袋师。他长得矮胖，肚子奇大，常以杖背一布袋入市，面带笑容，四处化缘。他言语无常，随处坐卧，形如疯癫。据说其与人言祸福，颇为应验。因而在其逝后，人们出于崇敬之情，便到处雕刻其形象，以至大肚弥勒佛名扬四海、家喻户晓。旅顺博物馆收藏的黄杨木雕弥勒佛，裸胸袒腹，肥头大耳，上身稍许向右，斜倚布袋而坐，形态自然，容颜欢喜，悠闲而惬意。那胸襟坦荡、慈祥憨态的面容极富感染力，那眉间与嘴角因欢笑而牵动，更是惹人喜爱。或许正因如此，其头部已被后人摩挲得油光锃亮。此外，丰腴的肌肤质感，敞开的上衣和斜倚的布袋织物质地，也都借助于黄杨木根的自然组织和雕工的技法，表现得惟妙惟肖。在其身上，还运用了夸张和戏剧性的表现手法，雕刻出五位童子，在增添喜庆氛围的同时，使人物的动作更趋于祥和，从而把人物无拘无束、悠悠自得的性格恰到好处地表现了出来。因此说，这尊佛像给人的直观感觉是既写实又夸张，有一气呵成的艺术表现力。

旅顺博物馆作为一座人类文化的艺术殿堂，展示出了人类历史中最为灿烂的物质文化。这里的每一件藏品都浓缩着一段真实的故事，都凝结着先人们对艺术的探寻和表现。在这里人们汲取的是一份精神营养，得到的是不可言喻的审美享受，激起的是奋发的精神力量。所以说，因为有了以历史遗迹为内容的博物馆的存在，人们的记忆才不会再消逝；因为有了丰富的内容展示，历史才会在今天变得如此清晰；因为有了人们孜孜不倦的求知与探索，我们才会在今天获得创造未来的巨大动力。

丝路风情泪沾襟

旅顺博物馆的新疆出土文物

丝绸之路驼影

在中国古代历史上，有一条连接欧亚交通贸易和文化交往的陆上通道，这就是著名的“丝绸之路”。这条特殊的通道连接着欧洲的古罗马与亚洲的古中国，同时，也是古印度佛教文明东来的必经之路。丝绸之路以长安（即今日的西安）为起点，向西经河西走廊，到达戈壁绿洲敦煌。由敦煌继续西行，穿过玉门关以后，沿塔克拉玛干沙漠形成南、北两路。北路紧靠天山山麓，途经吐鲁番、焉耆、库车、阿克苏和喀什等地，南路途经米兰、尼雅和若羌等地。南、北两路在喀什会合，继续向西延伸，穿过帕米尔高原，进入中亚地区，再经过波斯和伊拉克等，到达地中海岸。

“丝绸之路”是19世纪德国地理学家李希霍芬最先提出来的。虽然今天人们或许认为这个名称不是很确切，因为当时这条路上的贸易货物远远不止丝绸一种，但这条神奇之路，毕竟还是靠丝织品给欧洲社会留下了深刻的印象。关于丝织品，还有着一段颇为传奇的故事：古代的罗马人最初认为蚕丝是在树上长出来的，他们曾经这样写道：“中国人是以树上长的茸毛而著称，他们依靠水的帮助，从树叶上取下茸毛……”而他们真正了解到蚕丝是何物，则是一些人乔装成教士把蚕卵藏在挖空了的木头手杖里，第一次从中

唐代木雕葡萄纹门楣

国带到拜占庭的时候。而罗马人真正见到丝织物，据说是在公元前53年，即中国西汉宣帝甘露元年。这一年，罗马人越过幼发拉底河，向东追击帕提亚人。在卡海这个地方，正在撤退的帕提亚人突然掉转马头，向追击者射出暴雨般的乱箭。罗马人顿时有些不知所措。随着帕提亚人发出尖锐刺耳的喊杀声，队伍中突然展开了一面巨大的丝绸旗帜。这面旗帜迎着太阳一闪一闪，亮晶晶的光芒照射在那些已经陷入混乱的罗马人的脸上，从未见过这种东西的罗马人被吓得惊慌失措、狼狈逃窜。

当然，当罗马人真正接触到这种摸起来细软光滑的丝绸制品后，便爱不释手了。在罗马，贵族男女老少穿着丝绸制品，已形成一种风气，丝绸的贸易量激增。后来，人们便将这条繁盛的贸易通道命名为“丝绸之路”。

丝绸之路所运输的货物，远不止丝绸一种。前往中国的运输队所驮载的多是黄金和其他贵重金属，以及象牙、珊瑚、宝石等。从中国出发的驼队，则载着毛皮、陶瓷、漆器和大量的中药材。在这条横贯亚洲的伟大通道上，其实还“运输”着一种比丝绸具有更重大意义的东西，它对中国乃至整个东亚地区的文化都产生了深远影响，这就是公元前6世纪诞生于古代印度的佛教。佛教传入中国，不但给了人们一种新的精神信仰，而且还创造了一种全新的“西域艺术”。

丝绸之路上的艺术与文化，在中国的唐朝达到了光辉灿烂的顶点。在这个长期以和平与安定为特征的辉煌年代里，中国一片繁荣昌盛的景象。那时的长安城，或许是世界上最繁华的大都市，长期居于此地的外国人有5000余人之多。不幸的是，这毕竟只是历史上的一页，当唐朝开始衰落的时候，丝绸之路上的文化也就随之衰落了，许多城镇连同它们的寺院、庙宇和艺术作

品一起走向消亡。曾经一度辉煌的时代中的很多遗迹都消失了，直到19世纪才被重新发现。今天，我们在滨城大连谈论丝绸之路上的文化遗迹，似乎因距离的遥远而显得突兀，但旅顺博物馆中大量来自新疆地区的唐代文物，又显然使这个话题具有了一定的依托。为什么在这里会见到如此精美、如此丰富的丝路瑰宝？它们是怎样来的？

1900年，八国联军侵华并攻入北京，大肆劫掠珍宝文物，同时又把贪婪的目光投向中国古时的丝绸之路，开始所谓的“探险”活动。这其中先后有瑞典人斯文·赫定1899年至1902年的楼兰“探险”，俄国人科兹洛夫1899年至1901年的第一次中亚“探险”，德国人格伦威德尔和勒柯克1902年至1903年以及1903年至1905年在吐鲁番、焉耆、库车等地进行的“探险”。说到旅

“大谷探险队”运输文物

顺博物馆所收藏的丝路文化艺术品，则要提及日本人大谷光瑞和他的中亚“探险”。

1900年，日本佛教净土真宗的西本愿寺第21代宗主大谷光尊派出嗣子大谷光瑞前往欧洲考察。大谷光瑞通过考察认识到，中国西北是佛教进入中国并最后进入日本的初传之地。

1902年8月，26岁的大谷光瑞结束在欧洲的考察，纠集年轻僧侣渡边哲信、堀贤雄、本多惠隆、井上弘圆从伦敦直奔中亚地区。他们历时一个多月，经过布哈拉、撒马尔罕，越过帕米尔，到达喀什。在这里他们兵分两路，渡边哲信和堀贤雄留在新疆继续西域考察，大谷光瑞则带上本多惠隆、井上弘圆前往印度。渡边哲信和堀贤雄在阿克苏、库车等地进行肆无忌惮的挖掘，并且未做任何发掘记录。1904年5月，他们带着挖掘到的文物和从石窟寺中切割下来的壁画以及大量的佛经，回到了日本。

第一次丝绸之路“探险”的巨大收获，让西本愿寺感到了一种前所未有的成功，但他们并不就此满足。1908年初夏，大谷光瑞派两个更年轻的和尚

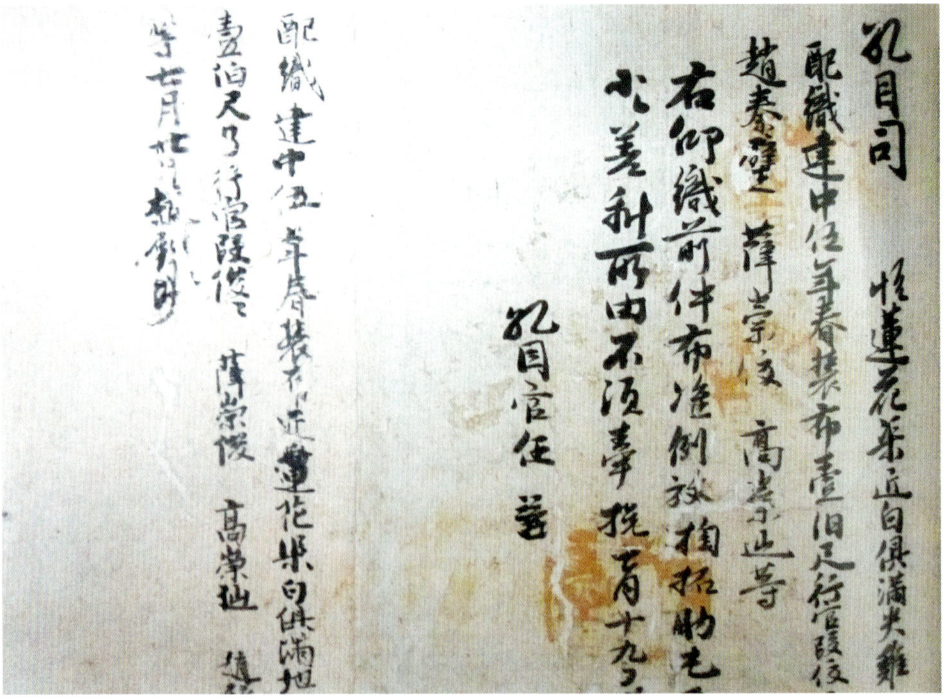

新疆出土孔目司公牍

新疆出土唐代仕女俑

橘瑞超和野村荣三郎前往新疆，开始第二次“探险”活动，此时的橘瑞超只有18岁。这次活动主要就是疯狂地发掘，他们诡谲的行动引起了英、俄情报机构的监视和跟踪。橘瑞超和野村荣三郎从北京出发后，到乌鲁木齐、吐鲁番、喀喇沙尔、库尔勒。在库尔勒，两人分手，橘瑞超向西域南道进发，经

发现于敦煌的唐代木雕观音像

过罗布沙漠到鄯善（楼兰）、车尔臣、尼雅、克里雅、和田、叶尔羌、喀什。野村荣三郎则向西域北道进发，到库车、沙雅、拜城、阿克苏、喀什。两人在喀什重新会合后又去了叶尔羌和莎车。1909年10月，他们结束了“探险”，转道印度回到日本。

这两个日本人承袭了大谷光瑞第一次“探险”中的掠夺习性，不仅在交河故城遗址乱挖一气，还把柏孜克里克、吐峪沟等地的佛教洞窟洗劫了一通，把阿斯塔那—哈拉和卓古墓群也翻了个底朝天。1909年7月8日，中国的《民呼日报》发表署名文章，对两人的掠夺活动进行了揭露和痛斥。文章在最后写道：“观于此，日人之私窃吾国文物，固可痛恨，但不知守斯土者，何辞以自解也？”

1910年8月，橘瑞超再次受命，从英国伦敦出发，踏上了第三次“探险”的道路。他经西伯利亚进入新疆，先到吐鲁番，后南下楼兰，剥取了楼兰遗址的壁画。1911年2月，他又从且末北进，横越塔克拉玛干大沙漠，西至喀什，后又到和田进行大规模的盗掘活动。同年年底，他来到敦煌，见到在此地等候的吉川小一郎。两人在敦煌掠得大量的敦煌写经后，又重返吐鲁番进行盗掘活动。橘瑞超先期回国，吉川小一郎又去了焉耆、库车、和田、阿克苏、伊犁等地，于1914年5月回到北京。

新疆出土唐代仕女骑马俑

关于他们在敦煌的活动，两人的日记中均有记述。比如吉川小一郎在日记里，就记录了他首次从当地的电报局长处看到了一件唐人写经，他写道："赠他刺绣品一块、罐头四个、茶叶一筒，经过努力得到了这个经卷。"两天以后，又"好不容易争取到了有三藏法师题名的唐经"。吉川小一郎于敦煌等候橘瑞超期间，也曾数次前往莫高窟拍照和骗购敦煌文书。他在10月16日的日记中写道，再次来到千佛洞，"直接进入洞内，取了经文的残片"。10月23日，他于"早晨仔细察看了洞窟，在众多的佛像中，选出两尊做工最精巧、损伤也少的佛像，和僧人交涉后买下，装入行李"。

新疆出土唐代仕女俑

"大谷探险队"的三次丝路盗掠活动，窃取了大量的历史文物，其中较为珍贵的有干尸、彩绘泥塑俑及彩书墓表、绢画、麻布画、纸本版画、汉文文书、敦煌写经及大量非汉文文书。这批文物主要存放在日本神户市郊的大谷光瑞私宅二乐庄中。1914年，大谷光瑞因寺院经济负债累累被迫辞去西本愿寺宗主职位，随后便开始了他以旅顺为中心的海外客居生涯。"大谷探险队"掠夺的文物也开始了流散，陆续分散到中、日、朝三国的公私收藏者手中。大谷光瑞曾将部分文物以"寄存"的形式藏在当时的"关东都督府满蒙物产馆"中，1929年，他以37161日元的价格将这批文

新疆出土唐代仕女俑

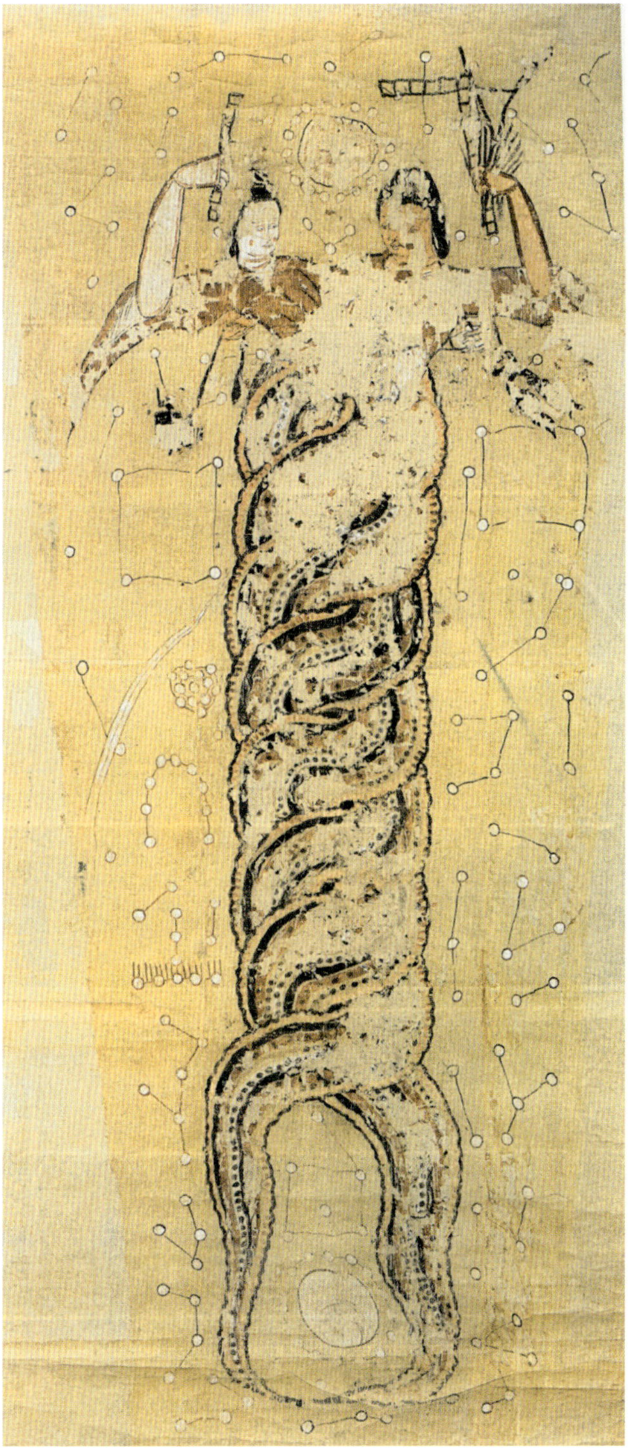

新疆出土唐代伏羲女娲图

新疆出土唐代云纹绘画断片

物转让给该馆。这也就是今天旅顺博物馆收藏的新疆出土文物的来源。

文物是古代文化的载体，我们正是从历史文物的研究中感受到古人的思想和生活。然而当我们面对这批西域出土的历史文物时，所看到的却是它们流离颠沛的历程，它们的流散让我们唏嘘不已。

丝绸之路上的彩绘陶器

新疆吐鲁番是个非常令人神往的地方，这并不仅仅因为那里盛产晶莹如翡翠的马奶葡萄和个大味美的哈密瓜，更因为那里曾经有过一段辉煌的历史。那深藏其中的交河和高昌两座古城、阿斯塔那—哈拉和卓古墓群、柏孜克里克千佛洞等著名的文化遗址，就是最好的证明。

旅顺博物馆收藏的新疆吐鲁番地区出土的历史文物，有丝织品、泥塑、绢画、木器、陶器、墓表和干尸等，我们可以从中领略到古代丝绸之路文化的异彩。

在这些新疆吐鲁番出土的文物中，比较多见的是一种彩绘陶器，器形主要有罐、碗、盆等，胎体陶质较粗，器物的表面通体涂黑，并且以红、白、

新疆出土高昌彩绘陶罐

新疆出土唐代灰陶人面执壶

新疆出土高昌彩绘陶碗

新疆出土高昌三足莲瓣纹彩绘陶钵

黄、绿等几种色绘成仰俯莲状的点弦纹，器口沿内侧又普遍施有红彩。在这些器物中，点与线的组合，蕴育着闪烁跳动、聚散漂游、协调统一的韵律。

应当说，这里的莲花图案首先与佛教内容有关。佛教认为莲花是西方弥陀净土的象征，又是人世中纯洁的象征，故有“升到莲花佛国里，快乐逍遥难可比”之语。同时，我国自西周以来，莲花在华夏儿女的心目中就有一个象征高尚之人的特殊品性，曾有无数的骚人墨客为之吟诵赞颂。诸如此般，便形成了丝绸之路文化中众多的莲花图案赖以生存的肥沃土壤，因为那里的古文化是曾经生活于此的包括汉族在内的各个民族共同创造的。可以想象，在中国这个具有深厚传统文化的国度内，如果没有这个不同国度、不同民族间的文化共同点，异域的佛教思想怎么会流入中国并得以传播，为人们所接受呢？正是中华民族对莲花情有独钟的审美情感，才使其形象在中国的艺术天地内得到了尽情展现。它作为民族传统文化与异域文化相互融合的一个代表，象征着国人心目中的理想人格和君子品质。

粗犷朴质的木雕鸭子

在历史学家和考古学家、文物学家的眼中，新疆吐鲁番的阿斯塔那—哈拉和卓古墓群就是一座巨大的地下文化宝库。那里的一座座古墓葬仿佛就是饱蘸墨汁的巨笔，记述和表现了从魏晋南北朝到唐代的壮观旅程。正是当年生活于斯的各族居民，把他们生前所拥有的一切及他们内心深处曾拥有过的

新疆出土唐代木雕鸭子

追求和渴望、欢乐和痛苦都带入了那荒郊野外的古冢之中，使它们在这里重新得到充分的展示和演绎，以此来获得满足。今天，仅从该地所发现的600余座古墓葬中，就已出土了各种文物达数万件之多。任何一个见到过这些出土文物的人，都会被其优雅的造型、丰富的内容所折服，由衷地感叹这片土地的珍贵和丰富。

在旅顺博物馆收藏的文物中，就有一件来自阿斯塔那—哈拉和卓古墓群的唐代木雕鸭子，格外别致和风趣。此件木雕作品没有过多的雕琢粉饰，没有细部具体放大的特写，只是以简洁古拙的刀法雕刻出一只首部紧收缩于躯体上的鸭子的大概形状，舍去了对鸭子双足等部位的具体刻画。但这里圆、弧与直线的交融，红、白、蓝多种色彩的互映，局部和整体的组合，都是那样准确和亲切。神韵和形式在此互为依存，相得益彰，艺术得到了进一步的升华，充满了朴质清新的气息。木雕鸭子敦厚和蔼的姿态和表情，不禁让我们想到宋代著名诗人黄庭坚的一首咏鸭诗来：“小鸭看从笔下生，幻法生机全得妙。自知力小畏沧波，睡起晴沙依晚照。”木雕鸭子与诗相映成趣，宛如诗中画。或许人们要问，这难道还真是黄庭坚专为此件木雕鸭子而吟诵的不成?

鸭子性习于水，西域广袤的沙漠之中并不具备鸭子的生息环境，但它在阿斯塔那—哈拉和卓古墓群的出现，则从一个侧面说明古代民族的迁徙和融合。因其造型的特殊，文物学家一致公认它是一件唐代的儿童玩具作品。试想一下，稚气的儿童，将它放在盛满了水的大型陶盆中，木雕鸭子在孩子的拨动下，于水面上轻盈地游荡着，这是一幅多么惬意的画面啊，真可谓“无乃槁木形，人禽两自在”。

草编萦纡的粽子

相传端午节吃粽子这一民间习俗是为纪念爱国诗人屈原而产生的，已延续了2000多年。据说，古时人称粽子为角黍，以其形状为尖角形、用的是黍米而得名。究竟古代这种尖角形的粽子和现代粽子是不是一样的呢？旅顺博物馆收藏的一件出土于新疆吐鲁番地区的唐代草编装饰物粽子，可以为我们揭开这个谜。

草编粽子共有5枚，造型与今日北方大部分地区所食用的粽子如出一辙。这5枚粽子由一根手捻的棉线连在一起，在线的尾端打有一个结，以免粽子脱落。经过我们的仔细观察和研究，发现该粽子是以类似麦秸秆的草本植物为编制材料，从中剖开后，采用赶角叠压的方式编制而成的，因此其表面仍留有秸秆特有的光泽。粽子的尺寸虽小，但却相当精致和逼真。

从草编粽子的形式上看，应是悬挂于儿童身上的吉祥物。端午节于儿童身上佩戴饰物的习俗还是很常见的，如用五彩线编制粽子挂在孩子身上就是最为普遍的一种形式。在旅顺博物馆收藏的吐鲁番干尸中，恰有一具儿童尸骸，这或许可以印证这方面的推断。

唐代段成式在他的《酉阳杂俎》一书中记载："今衣冠家名食，有萧家

新疆出土唐代黑彩木豆

馄饨，漉去汤肥，可以瀹茗；庾家粽子，白莹如玉；韩约能作樱桃毕罗，其色不变。”由此可知，唐时长安城中的粽子，已有品牌存在，且还是人们日常食品之一。其实粽子作为传统的应节食品，热吃冷吃均无不宜。南方的粽子多半是热吃，北方的粽子多半是冷吃。若论外形，湖广、江浙一带的粽子浑厚朴实，这是因为他们的粽子多使用宽大竹叶包裹，一片竹叶就可以包成一个四五两重的肉粽。北方的粽子则偏于小巧玲珑，这是因为他们包粽子的材料多为苇叶，苇叶的特点就是窄而偏长，在包粽子时，要用两三片叶子重叠起来使用。南方的粽子馅儿有火腿、虾米、豆干、笋，甜少咸多，吃一个比较大的肉粽就等于吃了一大碗饭。北方的粽子较南方而言，品种相对较少，常见的有红枣、豆沙、清水（纯米无馅儿，蘸糖吃）三种，而且是小巧的，看来只有二寸来长。拆开苇叶，放到洁白的瓷盘里，愈显娇小玲珑，好像冰肌玉骨的美人，真是秀色可餐，叫人看了就食指大动，吃到嘴里真是爽口。南北各省的粽子材料都是糯米，只有华北地区有时候用黄色的“黏黍”包粽子，煮出来的粽子是淡黄色的。

吐鲁番地区出土的这件草编粽子，是目前全国仅见的唐代粽子艺术作品，它的发现对研究唐代新疆地区民间文化提供了重要的物证。端午节吃粽子这一民俗何时传入新疆地区已无据可查，但这件编织的粽子可以证明，端午节吃粽子至迟在唐代已经开始流行。即使是在以吃馕为主的民族生活区域内，唐代也已经融合传承了一些中原地区的民俗习惯。

转轴弹拨五弦琵琶

琵琶是中国古老的民族乐器，有关琵琶的记载最早出现在汉代，但其形制恐与后世的琵琶有很大差异。从文献的记载中大致可知，古时的所谓琵琶，就是在一圆形音箱的面上置有数条弦线而弹拨的乐器。而我们今天通常所言的琵琶，则是唐代人所指之物，即由西域地区传入中原的“胡琵琶”，亦被后人称为“曲颈琵琶”。

曲颈琵琶发端于西域地区，传入中原的时间最迟亦是汉代。这一时期琵琶形制的主要特征是音箱呈梨形，有四弦和五弦之分。四弦者在唐代广泛地流传于中原地区，而五弦者只是在五六世纪时于中原地区偶见，而后便迅速地销声匿迹。在旅顺博物馆收藏的古丝绸之路文物中，有一件印有五弦琵琶纹图案的陶片，可谓稀有之物。

这件带有五弦琵琶纹饰图案的陶片，出土于新疆地区，整组图案系用花压印而成，在其边缘凸起的弦纹之后环饰有联珠纹，其下又为一周细弦纹，由此构成整组纹饰图案的外部装饰。而图案的主题——琵琶则立于一条飘带的簇绕之中，其五弦的弦钮和梨形音箱一目了然，清晰可见。这里应强调的

新疆出土唐代奏乐俑

新疆出土五弦琵琶纹陶片

是，这件陶片的装饰纹饰中带有明显的波斯文化的痕迹，散发出浓烈的西域文化气息。该陶片的质地为细腻的红陶，烧制的炉温较高，从其残存的痕迹上看，当是某大型陶器上的附属装饰物。

在隋唐时期，西域各族人民在生活实践中创造了具有浓厚生活气息的民族音乐。五弦琵琶在西域民族音乐中始终占有重要的一席，它特殊的演奏方式和音乐效果，让人感到“转轴拨弦三两声，未成曲调先有情”，只听那“弦弦掩抑声声思，似诉平生不得志”，又见“低眉信手续续弹，说尽心中无限事”，忽闻得“大弦嘈嘈如急雨，小弦切切如私语”，恍惚间“嘈嘈切切错杂弹，大珠小珠落玉盘”。一件民族乐器，引出一首千古绝唱——白居

新疆出土唐代泥塑双凤纹残片

易的《琵琶行》，至今还让我们于吟诵中感慨生情。当我们静坐细听琵琶演奏时，何尝未有“四座无言皆瞪目，横笛琵琶遍头促”的思绪呢？

瀚海大漠中的武士

在唐代诗坛上，边塞诗人的作品表现出一种骨力挺健、气宇轩昂的气概。在他们的笔下，有大军出师的威武，“上将拥旄西出征，平明吹笛大军行。四边伐鼓雪海涌，三军大呼阴山动”；也有恶战的残酷，“虏塞兵气连云屯，战场白骨缠草根”；更有那行军途中的千辛万苦，“将军金甲夜不脱，半夜军行戈相拨，风头如刀面如割”；同时，还有诗人笔下对胜利的期盼，“虏骑闻之应胆慑，料知短兵不敢接，车师西门伫献捷”。这些雄壮高

新疆出土唐代木雕武士俑

新疆出土唐代木雕武士俑

新疆出土唐代泥塑武士骑马俑

远、气势磅礴的诗句，主要源自诗人们投笔从戎、请随大军西征边塞的真实感受。他们写出了兵将杀敌之勇、军旅获捷之喜。每当我们吟诵这些诗句的时候，都不禁想亲眼看见那些古代边塞将士的风采。

此意何处觅，劝君休远行。在旅顺博物馆收藏的来自古丝绸之路文物中就有数量可观的唐代武士俑。他们或为木雕，或为泥塑，或为半身雕像，都离不开彩绘，让我们真切地感受到当年戍守边关的将士们的雄姿。这些武士俑，完美地再现了一代武士们所应具备的那种刚毅勇猛的力和横极太虚的气。他们头戴红缨兜护，胄甲披身，面颊饱满，五官端庄，沉毅中透出刚烈，表现出慷慨赴大任、性情裹豪侠的个性。他们个个有鸿鹄之志，为寻求报国而不远万里来到大漠边关，这里有“万里不惜死，一朝得成功”的激情，也有“作气群山动”“铁骑皆云屯”的豪迈，更有“威棱慑沙漠，忠义感乾坤”的壮阔，还有“离魂莫惆怅，看取宝刀雄”的壮烈。静观武士俑，我们仿佛能听到战场上的厮杀声、军鼓声。

新疆出土唐代泥塑武士俑

丝绸之路文物中的这些武士俑，以其朴素无华的形象，于静中传递着精神，岿然不动，不同凡响。其形、神、态、势，既可以分别欣赏，同时又互相关联，密不可分。所谓静中有动，是以伫立的姿势中包含着细小的动态和微妙的神色表现出来的。神、态、势都寓于形之内，而洋溢于形之外，更令观赏者得神意而忘形态。艺术风格的形成是与历史时代的发展紧密相连的，在社会稳定、经济文化繁荣的唐代，各种艺术蓬勃发展，雕塑艺术也进入成熟阶段。应当说，唐代的雕塑题材广泛，内容丰富，艺术风格异彩纷呈，丝绸之路上所出土的这些武士俑，受到当时社会文化的影响，是唐代艺术风格的集中体现。这些武士俑是一种写实的艺术作品，作者凭借自己对生活细致入微的观察，大胆取舍，以简洁的手法充分地表现出陶俑的内心世界及创作者的意图和思想。凡此种种，都表现出唐代艺术家们高超的雕塑技艺和审美眼光，他们所塑造的不同形象都集中体现了各自不同的特点，是经过高度的艺术概括和再创造而产生的艺术珍品。就这些雕塑武士俑来说，其艺术风格更为自然、生动而别具一格，飘然欲动，宛如真人。

风趣而自然的陶塑猿猴

在旅顺博物馆收藏的丝绸之路文物中，有一种颇为新奇，这就是陶塑猿猴。

这批陶塑猿猴体形小巧，最大者高不过5厘米，小者竟不足1厘米，但形态逼真，无不充满了灵气，它们的塑造技法可以分为模制和抟土捏制两种。模制的传神逼真，形象写实；捏制的则追求神似，制法粗朴。从艺术审美观念出发，小型动物的雕塑总是更多地要求具有诗意和抒情性，要求风趣、活泼、自然，造型上要简洁优美，富于韵律、节奏，富有装饰性。来自丝绸之路的这批陶塑猿猴，就符合上述特点，且各有所长。如图“新疆出土唐代陶塑猿猴1”所示的陶猴，它略向右倾，面部上宽下窄，吻部前伸，眉脊隆起，双目下陷，以圈纹点出炯炯有神的双眼，鼻及嘴处均巧施以刀削处理，面部似刻画众多的凹点，显出了茸茸的质

新疆出土唐代陶塑猿猴 1

感。它右耳直立，不乏几分警惕的感觉。这里虽然只是一个不完整的头像，但所渗透出的形神兼备之感已经十分强烈。

在这些陶塑的作品中，还可以发现一种拟人化的表现手法。如图“新疆出土唐代陶塑猿猴2”的陶塑猿猴，面部饱满亲和，前胸丰腴，乳房突起，从整体看，完全是以人为模型而又赋予了某种特殊意义的作品。这在另一件作品中表现得更为淋漓尽致。如图“新疆出土唐代陶塑猿猴3”，猿猴做踞坐状，右臂弯曲，手掌置于胸前，左手自然下垂置于裸露勃起的雄性生殖器上。这里除了首部以外，分明就是以人物为刻画对象的作品。猿猴直发，吻部微张，面部带有微笑，这种虔诚神态和嬉乐之情，可以说是对生命的祝福和祈祷，绝不是对“神灵”的亵渎。在这种“暴露式”的雕塑中，我们体味到的是古人对生活的歌颂，对人类繁衍的希望。

在旅顺博物馆收藏的众多陶塑猿猴中，还有一部分是手执乐器进行演奏的猿猴，这些猿猴在演奏中的欢乐情绪亦显得非常生动。

我们在欣赏研究丝绸之路上的陶塑猿猴艺术时，会由衷地感谢那些雕

新疆出土唐代陶塑猿猴 2

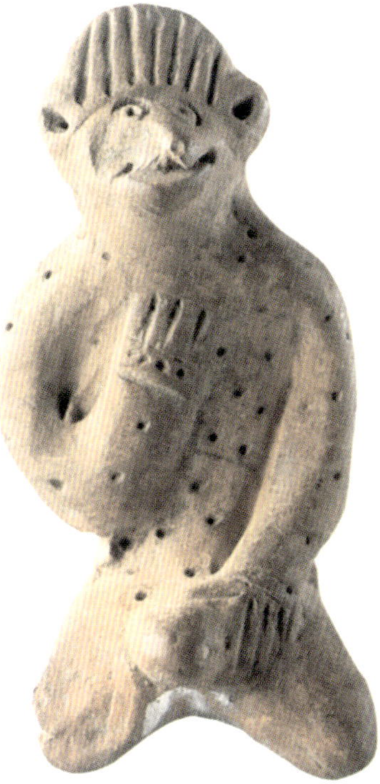

新疆出土唐代陶塑猿猴 3

新疆出土唐代陶塑奏乐猿猴

塑的匠人们，他们大胆地运用独到的艺术处理手法，生动地表现出猿猴那种千变万化的情态，增强了这些艺术品的艺术魅力。为了加强作品的感染力和满足制作形式上的需要，往往夸张和突出了猿猴的某些部位。简单的夸张和简洁的处理手法，获得了极佳的艺术效果，给我们留下了极深刻的印象。至于这些猿猴的“动”感，就更让人回味无穷，犹如丝竹之乐，萦绕不绝。作品初看起来似乎非常单纯，但仔细欣赏、揣摩，却又觉得其内涵丰富得让人难以形容。在这些简单的造型中，无不渗透出造型的和谐与优美，饱含韵律和节奏。应当看

新疆出土唐代陶塑奏乐猿猴

新疆出土唐代陶人头像

到，如此众多的陶塑猿猴相对集中在一个历史时期、一个地区，是其他地区所无法比拟的。造成这种现象主要是由于西域地区地处东西方文化的要冲，受到佛教和其他思想不断传入的影响，同时也与当时的民间风俗习惯有着极密切的联系。正是历史长河所积蓄的沉淀，宗教的传播，民间风俗习惯的浸润、孕育，造就了丝绸之路上的雕塑艺人，并使这些艺人们能够在繁荣和安宁的社会环境中，以娴熟的手法、深刻的寓意，塑造了大量的猿猴艺术品。这些雕塑从多方面反映出唐代丝绸之路上经济文化的发达和人类审美艺术观念的日臻成熟。显而易见，这些雕塑是中国艺术宝库中的珍品，我们愿它们在中国的雕塑史上能够留有精彩的一笔。

笔意绚烂的唐代绘画

在旅顺博物馆收藏的丝绸之路文物中，唐代绘画作品是不可忽视的一大项，既有壁画，也有麻布画以及绢画、纸画。这些不同质地的绘画作品，以

新疆出土唐代《南无延寿命长寿王菩萨像》

佛教绘画居多，均来自新疆吐鲁番地区所属的吐峪沟、雅尔湖、木头沟、柏孜克里克等地的寺院及石窟中。比较著名的有壁画《愿度图》，麻布画《延寿命菩萨像》，绢画《阿弥陀净土变相图》《童子飞天图》《剃度图》等。从画面上可以明显看出唐代初年的绘画技法继承了北朝晚期的某些风格，形成了所谓的“丰肌秀骨”特点。画面中用笔紧劲如屈铁盘丝，线条挺拔圆润，流畅优美，富于变幻，设色浓郁艳雅，那种以朱红色晕染出大的肌肉块面的手法，较好地表现出人物的形体和情态。

绢画《阿弥陀净土变相图》系大幅绢画的残存部分，图中表现的是西方

新疆出土唐代《阿弥陀净土变相图》

新疆出土唐代《延寿命菩萨像》

极乐世界的景象。画面布局分上、中、下三层，乐伎们梳高髻，戴颈圈，长发垂肩，帔帛绕臂，上身袒露，下身着裙，吹笙，弹箜篌，表情十分专注。中层有宝池，水面上盛开莲花，有仙鸟倚栏杆而立，似在聆听美妙的乐曲。下层绘供养人和部分变文。变文不是经文的直接抄写，而是朗朗上口的说唱文，残存内容为："西方有仙号弥陀，众生念善出娑婆。宝树花林金殿阁，共命咸同扎省罗。"署款"大历六年四月十八日"。大历六年就是771年，为唐代宗李豫统治时期。全图以朱红色为主色调，构图繁复而错落有致，人物丰满有神韵，体现了唐时独特的审美风尚。

而《剃度图》则是以写实的手法，把佛门弟子们慈悲为怀的虔诚形象描

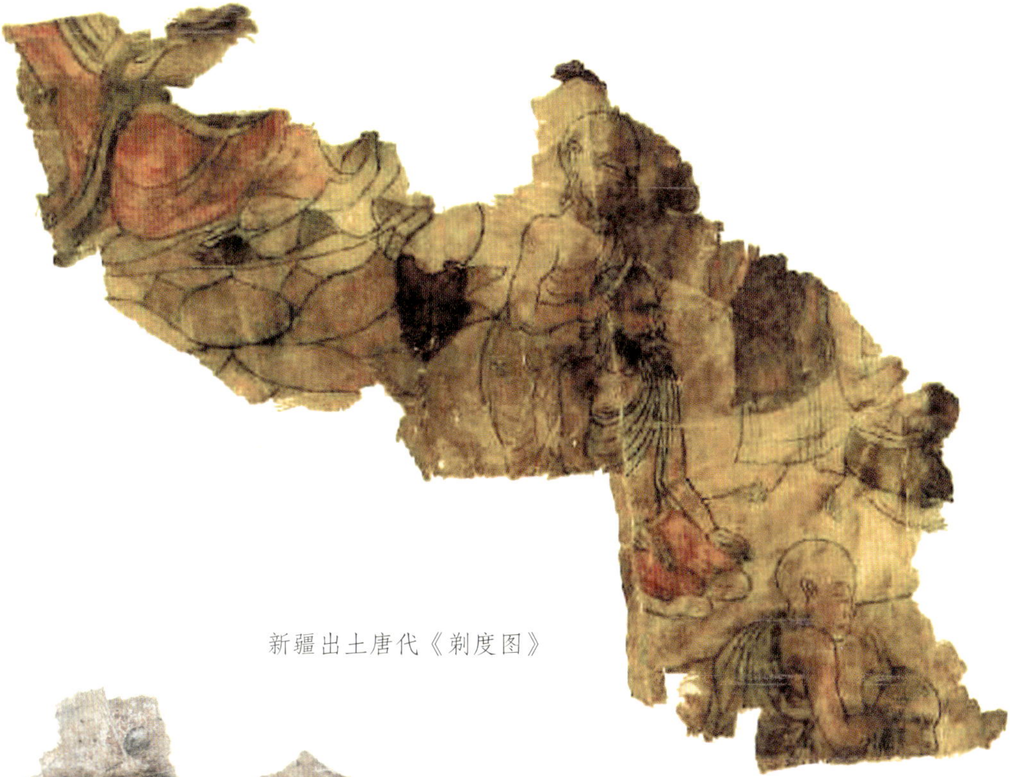

新疆出土唐代《剃度图》

新疆出土唐代菩萨像断片

新疆出土5世纪梵文《妙法莲华经》残片

新疆出土唐代《愿度图》局部

新疆出土唐代褐地连珠凤纹锦

新疆出土高昌麹孝嵩墓表

新疆出土唐代麻布藻井

新疆出土唐代夹缬菱花纹绢片

绘得惟妙惟肖、栩栩如生。所谓的剃度，就是剃发受戒，它是佛门弟子出家时的一项重要仪式。虽然因年代久远，画面有严重的残损，但剃度这一主题内容却清晰可见。这是一幅场面较大的剃度图，从残存的部分来看，人物可分成数组。那些持刀的佛门弟子，双耳垂肩，袒露右臂，虽然个个清瘦，肩似刀削，但人物的面部神态仍是栩栩如生。那些受戒者人人端庄跽坐，手垂膝上，目视前方，其虔诚的心态表露无遗。《地藏十轮经》中有文称“我今恭敬礼，剃发染衣人”，大概就是对剃度场面的一种记述吧。

唐代丝绸之路上大批绘画作品的出土，弥补了中国美术史上这个时期绘

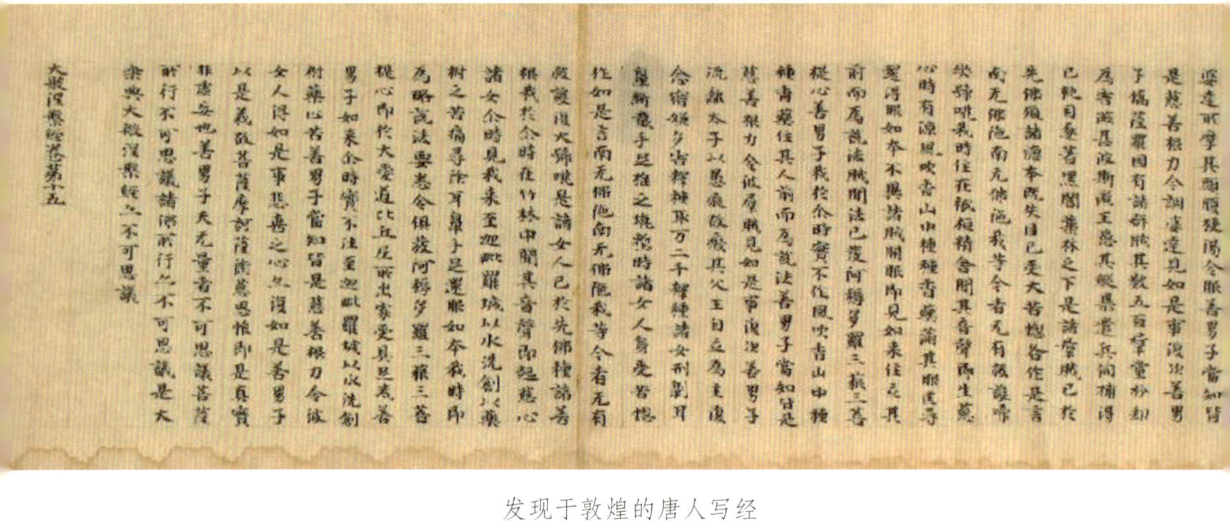

发现于敦煌的唐人写经

新疆出土唐代《童子飞天图》局部

画实物的欠缺，为后人了解和研究中国绘画的发展增添了珍贵的史料。它们所表现的内涵和所涉及的内容都是很丰富的，故弥足珍贵。

国家的统一，民族的团结，促进了地区经济、文化的发展。唐代初年，在统一的中央集权国家的治理下，边疆地区各族人民的优良文化传统和民间习俗，极大地丰富了祖国的文化宝库，中原地区的生产技术和文化也对边疆地区的发展起到了积极的推动作用。旅顺博物馆所收藏的这批来自新疆地区的绘画作品从一个侧面证明，它们就是中原文化与边疆地区文化交流发展的产物，是具有独特风格的中国传统艺术品，且于传统风格中表现出明显的地区特征。这些珍贵的古代文物，也是新疆地区自古以来就是中华民族不可分割的一部分的历史见证。

后 记

我们是老少两代文博人。我们所服务的第一个工作单位是相同的，那就是全国知名的博物馆——旅顺博物馆。我们的第一个工作岗位竟也是一样的，那就是与群众近距离接触的解说员。正是在这样一个知名的博物馆里，在这样一个特殊的岗位上，我们了解到了家乡大连地区的悠久历史和灿烂文化。这片土地的文化乳汁，滋养了我们的认知，开阔了我们的视野，让我们对这里产生出深深的眷恋和热爱。

不知是在什么时候，有人竟这样评说大连这片土地，说它是一片文化贫瘠的荒漠，这里仅有百余年的城市历史，这里谈不上有着耀眼的文化，等等。谎言的制造者们表现得是如此“理直气壮”，让我们这些从事大连地区文物研究的人感到了一种压力与羞愧。旅顺博物馆从20世纪上半叶起就陈列着大连地区的历史文物，为什么人们就不能擦亮双眼，对这片土地、对这里的历史、对这里的文化进行客观的审视呢？或许就是出于一种责任，或许就是出于一种担当，我们开始理直气壮地向来这里参观的人们宣讲大连这片土地值得歌颂的历史和应当引以为豪的文化。我们的前辈许明纲先生等人从20世纪60年代起，便在报刊中发表了大量的带有普及意义的文章，陆续地向人们介绍了家乡的历史与文化。笔者之一的王珍仁更是于20世纪90年代初，在《大连日报》中开辟了《物华天宝》专栏，时间长达两年，向世人介绍了大连地区有特点的历史文物以及大量丰富罕见的馆藏珍贵文物。但这些似乎仍与人们的需求还有些许的距离。

大连，我们生于斯长于斯的土地，其悠久的历史和灿烂的文化展示了先人们的创造精神，成为优秀的民族文化的一部分。现今，在文化开放与发展的大环境下，我们应当更加自觉地做好文化守护这篇大文章。努力地发掘和弘扬中华传统文化的精华，对当代中国的文化进步有着现实的意义。我们只有在重新评估、定位自己的民族文化的根基之上，才能守得住自己的文化之根；在传统的文化之中寻找到丰富的营养，并将其创造性地融会到今天的现实之中，我们才会在社会的不断发展中找到自己的价值。

这里要感谢那些曾经给予我们许多帮助的同人，仍要感谢大连出版社的各位编辑同志。没有大家的帮助，就没有今天本书的诞生。当然，由于我们的学识认知有限，亦难免会有许多的不足，甚至是一些瑕疵，期待读者给予批评指正。

愿大连的文化有着自己浓浓的特色，愿大连的明天更美好！

作　者